Fabian Steigerwald

Der Waren- und Dienstleistungsvertrieb im digitalen Zeitalter

Welche Chancen und Risiken ergeben sich für Unternehmen?

Bibliografische Information der Deutschen Nationalbibliothek:

Die Deutsche Nationalbibliothek verzeichnet diese Publikation in der Deutschen Nationalbibliografie; detaillierte bibliografische Daten sind im Internet über http://dnb.d-nb.de abrufbar.

Impressum:

Copyright © Studylab 2018

Ein Imprint der Open Publishing GmbH, München

Druck und Bindung: Books on Demand GmbH, Norderstedt, Germany

Coverbild: Open Publishing GmbH | Freepik.com | Flaticon.com | ei8htz

Inhaltsverzeichnis

Abkürzungsverzeichnis

Abs.	Absatz
AG	Aktiengesellschaft
AGB	Allgemeine Geschäftsbedingungen
Art.	Artikel
Az.	Aktenzeichen
BDI	Bundesverband der Deutschen Industrie
B2B	Business to Business
B2C	Business to Consumer
BDSG	Bundesdatenschutz-gesetz
BGB	Bürgerliches Gesetzbuch
bspw.	beispielsweise
bzw.	beziehungsweiße
bzgl.	bezüglich
ca.	circa
d. h.	das heißt
Dpma	Deutsches Patent- und Markentamt
etc.	Et cetera
EU	Europäische Union
EU-DSGVO	Europäische Datenschutz-Grundverordnung
e. V.	eingetragener Verein
f.	folgende
ff.	fortfolgende
FormAnpG	Formanpassungsgesetz
gem.	gemäß
ggf.	gegebenenfalls
IfH	Instituts für Handelsforschung
IP	Internet Protocol

LG	Landgericht
lit.	Litera
Ltd.	Limited
MarkenG	Markengesetz
Mrd.	Milliarden
OK	Online-Kommentar
OLG	Oberlandesgericht
PwC	PricewaterhouseCoopers
Rn.	Randnummer
S.	Seite oder Satz
TMG	Telemediengesetz
u. a.	unter anderem
UrhG	Urhebergesetz
US	United States
UWG	Gesetz unlauterem Wettbewerbs
vgl.	vergleiche
vs.	versus
z. B.	zum Beispiel

Abbildungsverzeichnis

1 Einleitung

„Unsere Welt ändert sich sehr rasch. Diejenigen, die darauf reagieren, überleben. Die anderen verschwinden wie die Dinosaurier." Dieses Zitat von Peter Trawnicek, Country Manager Österreich von VMware trifft den Nerv der Zeit genau. Technische Neuerungen passieren gefühlt täglich. Sie bergen für Unternehmen einerseits enorme Chancen, aber auch weitreichende Risiken.

Das erreichte Digitalisierungsniveau und die technischen Fähigkeiten von Maschinen und Computern sind mittlerweile so weit fortgeschritten, dass sie Unternehmen und der Gesellschaft gänzlich neue, teilweise bisher undenkbare Möglichkeiten eröffnen. Während die Möglichkeiten revolutionär sind, versuchen sowohl Unternehmen als auch Wissenschaft und Politik, den Wandel möglichst fließend zu gestalten.[1]

Was letztes Jahrhundert die Förderung von Öl war, wird wohl dieses Jahrhundert die Gewinnung von Daten und die Fähigkeit der optimalen Auswertung derselben sein. Wer aus Daten die richtigen Schlüsse zieht, ist dem Wettbewerber meist voraus. Dies zeigt sich auch aus den Daten der wertvollsten Unternehmen 2017. Laut einer Studie der Wirtschaftsprüfergesellschaft PwC, ist die Technologieindustrie die Industrie, welche die größte Marktkapitalisierung hat.[2] Im Ranking der Top Unternehmen mit dem weltweit größten Marktwert im Jahr 2018, sind die Top 5 ausschließlich Unternehmen aus der Technologie- bzw. Digitalbranche. Google (Alphabet) mit einem Marktwert von rund 302 Mrd. US-Dollar steht hier auf Platz 1.

Diese Bachelorarbeit hat sich zur Aufgabe gemacht, ausgewählte Aspekte zum Waren- und Dienstleistungsvertrieb im digitalen Zeitalter zu erörtern und darzustellen. Dabei soll sie nicht nur die technologischen Veränderungen, welche in den letzten Jahren aufgetreten sind oder noch auftreten werden, beleuchten. Sie soll sich darüber hinaus mit deren rechtlichen Fragestellungen und Problematiken auseinandersetzen.

Neben dem Thema Big Data und künstlicher Intelligenz sollen aber auch andere marketing- und vertriebsrelevante Themen, wie die Nutzung von sozialen Medien sowie das Bertreiben eines Online-Shops, behandelt werden.

---

[1] Vgl. Gläß. R, Leukert. B, 2017, S. V

[2] Vgl. https://www.pwc.de/de/kapitalmarktorientierte-unternehmen/global-top-100-march-2017.pdf, PwC Global Top 100 Companies by market cap, Abruf am 13.07.2018

Zu Beginn werden Begriffsdefinitionen und eine rechtliche Einordung relevanter Vertriebskanäle im Digitalen Zeitalter erläutert. Dies soll einen ersten Überblick schaffen und dem Leser eine Einführung über die darauf folgenden Kapitel geben.

Nachdem die Konkretisierung erfolgt ist, sollen wirtschaftliche Veränderungen angesprochen werden, welche in den letzten Jahren eingetreten sind bzw. in der Zukunft eintreten werden.

Ziel des darauffolgenden Kapitels ist es, die jeweiligen Möglichkeiten und Chancen zu erörtern, welche durch neue Technologien entstanden sind, bevor sich die Arbeit zu guter Letzt mit den rechtlichen Fragestellungen im digitalen Vertrieb befasst.

2 Begriffsdefinitionen und Aufgaben ausgewählter Vertriebskanäle im digitalen Zeitalter sowie deren rechtlichen Einordnung

Der Spagat zwischen etabliertem und digitalem Vertrieb ist für die Unternehmen oftmals nicht einfach. Das liegt nicht zuletzt daran, dass neben den ständig neuen Herausforderungen, wie technische Neuerungen im Vertrieb, auch die Belegschaft immer älter wird. Daher fällt es Vertrieblern, welche schon länger in diesem Bereich tätig sind, oftmals schwer, sich den neuen Gegebenheiten anzupassen. Begriffe wie Big Data, Smart Data und Opt-in sind dann oftmals Fremdwörter und können nicht so einfach zugeordnet werden.

Auch die konstanten wirtschaftlichen und rechtlichen Veränderungen im Internet, ob Social-Media-Vertrieb, die ständigen Optimierungen und Neuerungen im Online Store oder das neue Internet of Things (IoT), sind eine große Herausforderung für jedes Unternehmen, welches auch noch zukünftig vertriebliche Erfolge erzielen möchten. Hierbei kommt man sehr schnell durcheinander und verliert den Überblick.

Die folgenden Seiten sollen nun die Aufgaben und Definitionen ausgewählter Vertriebskanäle mitsamt der rechtlichen Einordnung in Deutschland behandeln. Hierbei sollen vor allem das Internet 4.0 und Big Data Analytics sowie deren Verwendung und rechtliche Aspekte, im Vordergrund stehen.

2.1 Online Store

Der Handel ist im Wandel und das Online-Geschäft im Einzelhandel floriert. Laut einer Studie der Deutschen Post geht hervor, dass bereits heute der Anteil am gesamten Online-Handel, im Vergleich zum Gesamthandel, bei zehn bis 15 Prozent geschätzt wird.[3] Im Jahre 2000 lag dieser bei gerade einmal zwei Prozent. Der Online-Anteil am Einkaufswachstum lag im Jahre 2015 bei rund 50 Prozent und deutet auch in der Zukunft auf eine große Veränderung im Einzelhandel von der Offline zur Online-Welt.[4]

---

[3] Vgl. Deutsche Post DHL Group, http://www.g-komm.de/wp-content/uploads/2014/10/DPDHL_E-Tailing_Studie_DE_2014_Lay20_web.pdf,e-tailing, 2015,S. 68

[4] Vgl. Biesel, 2016, S. 82

Der Umschwung zu einem digital geführten Einzelhandel schreitet immer weiter voran. Dabei ist es egal, ob der Kunde nun unterwegs und über das Smartphone auf den Online-Store zugreift oder zu Hause mittels eines PC. Entscheidend ist, dass es heutzutage ohne eine ansprechende Webpräsenz des eigenen Angebots schwerer ist, konkurrenzfähig zu bleiben.[5]

2.1.1 Begriffsdefinition

Der Begriff Online-Store oder E-Shop lässt sich auf mehrere Arten definieren.

Als E-Commerce kann ein Einkaufsvorgang via Datenfernübertragung bezeichnet werden, wobei über das Internet eine unmittelbare Geschäftsbeziehung zwischen Anbieter und Abnehmer zustande kommt. Hierbei ist es unerheblich, ob es sich um ein Business to Business [B2B] oder Business to Consumer-Geschäft [B2C] handelt.[6]

Dem (potentiellen) Kunden wird eine Plattform zur Verfügung gestellt, auf welcher der Anbieter seine Waren oder Dienstleistungen dem Interessenten offeriert. Gleichermaßen, wie beim stationären Handel, wird dem Kunden bzw. Interessenten ein umfangreiches Waren- oder Dienstleistungsangebot gestellt.[7]

2.1.2 Eine rechtliche Einordnung

Die rechtlichen Bedingungen und Anforderungen, welche an einen Online-Shop geknüpft sind, sind so vielfältig wie das Internet selbst. So unterliegt z. B. das EU-Recht, welches entsprechenden Einfluss ausübt, fortlaufend Änderungen.[8] Grundsätzlich gilt es daher, wenn möglich, immer auf dem neusten Stand zu bleiben, so dass man vor Abmahnungen geschützt ist. Bspw. müssen die AGB stetig aktuell gehalten werden (siehe EU-DSGVO Verordnung vom 25. Mai 2018).

Ein wichtiges Gesetz, welches für jeden Online-Shop von Bedeutung ist, ist das Telemediengesetz (TMG). Dieses regelt unter anderem die allgemeinen und besonderen Informationspflichten für Betreiber von gewerblichen Internetseiten („Impressumspflicht" gem. § 5 TMG) sowie die Datenspeicherung und den Datenschutz gem.

---

[5]   Vgl. Biesel, 2016, S. 83

[6]   Vgl. Trommsdorff, 2002, S. 25 – 50

[7]   Vgl. Lackes, Kollmann, https://wirtschaftslexikon.gabler.de/definition/electronic- shop-36299/version-259756, Abruf am 29.04.2018

[8]   Vgl. Angeli. S, Kundler. W, 2006, S. 489

§ 13f TMG.[9] Bei dem Thema Datenspeicherung und Datenschutz gibt es jedoch auch große Überschneidungen mit dem Bundesdatenschutzgesetz (BDSG), welches den Schutz personenbezogener Nutzerdaten regelt.[10]

Besonders wichtig sind zudem das Urheberrecht und das dazugehörige Urheberrechtsgesetz (UrhG). Demnach genießen Urheber ideellen und wirtschaftlichen Schutz von Geisteswerken wie z. B. Bildern, Texten, Schriftwerken oder auch Computergrafiken. D. h. wenn ein Werk urheberrechtlich geschützt ist, gelten bestimmte Rechte, welche eine nicht genehmigte Vervielfältigung unterbinden sollen.[11]

Ein weiteres Rechtsgebiet, welches diese Arbeit behandeln möchte, ist das Fernabsatzrecht gem. § 312 ff. BGB. Dies regelt unter anderem, dass Nutzer besondere Rechte bei einem Vertragsabschluss zugestanden bekommen, wenn die Vertragsverhandlung bzw. der Vertragsabschluss ausschließlich über Fernkommunikationsmittel wie bspw. das Internet vollzogen wurde. Diese Regelung gilt allerdings nur im Rahmen von B2C-Geschäften. In diesen Fällen gelten für den Anbieter besondere Informationspflichten sowie die Verpflichtung zur Rücknahme innerhalb von 14 Tagen nach Lieferung der Ware. Durch dieses Rückgaberecht, ohne Angabe von Gründen, können Produkte zur Ansicht bestellt und nach Prüfung oder bei Nichtgefallen einfach an den Onlinehändler zurückgeschickt werden.[12]

2.2 Social Media

Laut einer Studie von eMarketer aus dem Jahre 2016 haben bereits mehr als ein Drittel (ca. 40 Prozent) aller Deutschen ein Online Profil und betreiben aktives Social Networking. Das sind rund 35 Millionen User, was einer Steigerung von etwa fünf Prozent zum Vorjahr entspricht.[13]

Mit rund 33 Prozent Nutzeranteil wöchentlich in Deutschland (ca. 27 Millionen User) ist Facebook mit Abstand der Vorreiter, was die Nutzung von Social Media

---

[9]   Vgl. Hauck. V, 2010, S. 24 Rn. 55

[10]   Vgl. BeckOK DatenschutzR/Gusy BDSG § 1

[11]   Vgl. Hauck. V, 2010, S. 196 ff.

[12]   Vgl. Hauck. V, 2010, S.198f. Rn. 788 – 791

[13]   Vgl. eMarketer, https://www.emarketer.com/Article/Social-Networking-Across-Europe-Patchwork-of-Penetration-Rates/1014066, Abruf am 25.05.2018

Plattformen angeht. Weit abgeschlagen ist Instagram mit 9 Prozent und Snapchat mit 6 Prozent.[14]

Diese Statistiken geben einen guten Einblick darüber, wie das Internet immer schneller innerhalb unserer Gesellschaft an Bedeutung gewinnt. Durch die hohe Anzahl der Nutzer sind die sozialen Netzwerke bereits heute ein Vertriebsinstrument mit einer enormeren Reichweite.[15]

2.2.1 Begriffsdefinition

Social Media bzw. soziale Medien werden als Technologien und digitale Medien zusammengefasst, welche es Benutzern ermöglichen, eigene generierte Inhalte oder Informationen untereinander auszutauschen.[16] Es gibt eine Fülle von Social Media Plattformen. Darunter fallen bspw. soziale Netzwerke wie Facebook, Xing oder LinkedIn sowie Blogs wie Instagram und Twitter.[17]

Dies führt dazu, dass Unternehmen eine höhere Chance haben neue Kunden zu gewinnen und bestehende Kunden zu binden. Heutzutage benutzen bereits rund drei Viertel der Unternehmen Social Media Plattformen. Je größer das Unternehmen ist, desto wahrscheinlicher ist der Einsatz von Facebook, Twitter oder Instagram etc. Bei Unternehmen mit mehr als 500 Mitarbeitern liegt die Nutzung bei nahezu 100 Prozent.[18]

2.2.2 Eine rechtliche Einordnung

Ein Grund, warum diverse Unternehmen heutzutage noch nicht in den sozialen Netzwerken vertreten sind, ist der rechtliche Aufwand und die Herausforderungen, welche damit einhergehen. Hier gilt es als Unternehmen viele gesetzliche Vorschriften zu beachten und immer auf dem aktuellsten Stand zu sein[19].

Eines der wichtigsten Gesetze, welchem hierbei Beachtung geschenkt werden muss, ist das Urhebergesetz (UrhG), in dem das Urheberrecht schwerpunktmäßig

---

[14] Vgl. ARD/ZDF; Onlinestudie 2017, http://www.ard-zdf-onlinestudie.de/files/2017/Artikel/Kern-Ergebnisse_ARDZDF-Onlinestudie_2017.pdf Abruf am 08.06.2018

[15] Vgl. Grabs. A, Vogl. E, 2016, S. 29

[16] Vgl. Schwenke. T, 2014, S. 5

[17] Vgl. Grabs. A, Vogl. E, 2016, S. 25 f.

[18] Vgl. Veltkamp. N, https://www.bitkom.org/Presse/Presseinformation/Fast-jedes-zweite-Unternehmen-hat-im-Netz-schon-Gegenwind-bekommen.html, Abruf am 05.05.2018

[19] Vgl. Schwenke. T, 2014, S. 2

thematisiert wird. Dieses wird immer dann relevant, wenn bspw. fremde Bilder, Videos oder Texte rechtswidrig verwendet werden. Unter anderem finden sich dort auch Regelungen wieder, welche sich mit der Frage beschäftigen, wer vor Urheberrechtsmissbrauch geschützt ist, was genau unter den Schutzbereich fällt und wie der Verletzte im Falle eines Rechtsverstoßes gegen die Verletzung seiner Rechte vorgehen kann.[20]

Nebst dem Urheberrecht wird sich diese Arbeit mit den datenschutzrechtlichen Aspekten in sozialen Netzwerken beschäftigen. Diese behandeln unter anderem den Schutz personenbezogener Daten sowie das erlaubte oder unerlaubte Abgreifen von Kontaktinformationen des Nutzers wie bspw. dessen Vorlieben oder Kaufverhalten.[21]

Daneben besitzt auch das Gesetz gegen unlauteren Wettbewerb (UWG) eine entscheidende Funktion innerhalb der Anwendung von Social Media. Gleiches gilt für die Kodifikation in Form des Bürgerlichen Gesetzbuchs (BGB). Ersteres beschäftigt sich mit der Einhaltung eines fairen Wettbewerbs und schützt die Verbraucher, indem es bspw. die Übersendung nicht erwünschter Werbenachrichten verbietet. Letzteres greift bei Fragen zu Rechtsbeziehungen zwischen Privatpersonen, sofern andere Gesetze nicht schon vorher Anwendung finden.

2.3 Big Data und Smart Data Analytics

Wer sich mit Vertrieb 4.0 und dessen Zukunft beschäftigt kommt nicht um den Begriff Smart- und Big Data Analytics herum.[22] Kein anderes betriebswirtschaftliches Thema dürfte in den Bereichen IT und Vertrieb in den vergangenen Jahren so viel Aufmerksamkeit bekommen haben. Stand 2013 wurden jeden Tag 2,5 Exabytes an Daten (ca. 2,5 Milliarden Gigabyte) kreiert. Davon 90 Prozent innerhalb der letzten zwei Jahre. Das ist ein enormes Datenwachstum. Hierbei ist eine spezielle Verarbeitung von Nöten, um aus unstrukturierten Daten (Big Data) den bestmöglichen Nutzen für das Unternehmen zu ziehen (Smart Data).[23]

---

[20] Vgl. Solmecke. C, 2015, S. 33
[21] Vgl. Hornung. G, 2015, S. 79 f.
[22] Vgl. Biesel, 2016, S. 28
[23] Vgl. Weber. R, Thouvenin. F, 2014, S. 2

Laut einer Studie von Bitkom und KPMG nutzen bereits 35 Prozent aller Unternehmen Big Data Lösungen. Weitere 24 Prozent planen diese in naher Zukunft ebenfalls einzusetzen.[24]

Das Thema Smart- und Big Data ist daher nicht einfach nur ein kurzfristiges technisches Ereignis, sondern Ausdruck eines umfangreichen, längst auf Hochtouren laufenden, gesellschaftlichen Wandels. Dies birgt für Unternehmen enorme wirtschaftliche Chancen und Vorteile, aber auch Risiken.[25] Denn vor allem in rechtlicher Hinsicht bestehen in Bezug auf Big Data enorme Herausforderungen, worauf die Arbeit in einem späteren Kapitel noch genauer eingehen wird.

2.3.1 Begriffsdefinition

Doch was bedeutet Big Data überhaupt? Es wird in unterschiedlichsten Zusammenhängen über das Thema gesprochen. Das führt natürlich dazu, dass es oftmals unterschiedliche Interpretationen gibt. Allgemein kann man sagen, dass Big Data eine riesige Anzahl an unstrukturierten Datenmengen aus verschiedenen Datenquellen ist. Mit Hilfe von Smart Data sollen diese dann ausgewertet und analysiert werden. Damit soll letzten Endes die Wirtschaftlichkeit des Unternehmens gesichert und gestärkt werden. Hierbei geht es den Unternehmen vor allem um Dependenzanalyse, Umfeld- und Trendforschung sowie System- und Produktionssteuerung.[26]

Zudem versprechen sich Unternehmen, durch mögliche neue Einblicke in potentielle Interessenten oder Kunden, mehr Wirtschaftlichkeit. Ebenso sollen durch die Erhebung der großen Daten das Kaufverhalten der Kunden leichter durchschaut werden und, so weit möglich, passgenaue personenbezogene Profile der Kunden erstellt werden. Des Weiteren soll mit Hilfe von Big Data die Produktion optimiert werden und daraus Innovationen durch vorausschauende Analysen besser auf den Markt integriert werden[27].

Besonders durch Big und Smart Data Analytics ist es möglich große Datenmengen aus unterschiedlichen Quellen zu analysieren und diese gewonnen Informationen einzusetzen, um Vertriebs- und Unternehmensprozesse zu optimieren. Ziel hierbei ist es, neue Erkenntnisse aus der Vergangenheit (Diagnostic Analytics), Gegenwart

---

[24] Vgl. Bitkom KPMG, 2016, S. 22

[25] Vgl. Bachmann. R, Gerzer. T, 2014, S. 62

[26] Vgl. Biesel, 2016, S. 28

[27] Vgl. Katzengruber. W, Pförtner. A, 2017, S. 45

(Descriptive Analytics) und Zukunft (Predictive Analytics) zu bekommen, damit so gezielte Vorhersagen für vertriebliche Prozesse und Geschäftsplanungen gemacht werden können.[28]

2.3.2 Eine rechtliche Einordnung

Eine rechtliche Einordnung des Begriffs Big Data ist schwierig, da das Schlagwort selbst keine rechtliche Größe aufweist. Entscheidend dagegen ist, was konkret mit den großen Daten geschieht. Wie bereits in der Begriffsdefinition beschrieben, hat Big Data im Vertrieb das Ziel, Daten zu sammeln, um damit später aus Big Data Smart Data zu machen und somit die Auswertung von Daten zu optimieren und gezielt für den Vertrieb bzw. das Unternehmen einzusetzen. Diese Einordnung ist sehr entscheidend, da, nicht wie sonst im Marketing oder Vertrieb, das Wettbewerbsrecht im Vordergrund steht, sondern das deutsche bzw. das aktuelle europäische Datenschutzrecht.[29]

Durch die Speicherung der Daten von Kunden bzw. Personen im Internet, bspw. auf Servern der Unternehmenswebseite, hinterlassen diese auch Datenspuren in den globalen Informationsnetzwerken. Sobald sich also digitale Daten einer Person zuordnen lassen, erneuert sich der datenschutzrechtliche Handlungsbedarf. Das macht es sehr kompliziert für die Konkretisierung von Normanwendungen.

Durch den Einsatz von Big Data im Unternehmen kommen natürlich auch viele urheberrechtliche Fragen auf. Wie oben in den rechtlichen Einordnungen bereits erklärt, schützt das Urheberrecht Geisteswerke wie Bilder und Texte. Im Zusammenhang mit Big Data stellt sich hier vor allem die Fragen nach der Zulässigkeit von Datenanalysen und Datenauswertungen und der Beurteilung, ob die verfügbaren Onlineinhalte frei verwertbar oder urheberrechtlich geschützt sind.

Eine universale, für jede Big Data Lösung einheitliche Begutachtung von urheberrechtlichen Fragenstellungen, ist hier nicht möglich. Grund dafür ist, dass die konkreten Probleme sich stets aus der Ausgestaltung des Verfahrens im Einzelfall ergeben.[30]

---

28 Vgl. Litzel. N, https://www.bigdata-insider.de/was-ist-big-data-analytics-a- 575678/, Abruf am 02.06.2018
29 Vgl. Schwarz, 2015, S. 270 f.
30 Vgl. Hoeren. T, 2014, S. 41 f.

Darüber hinaus geht die Rechtsprechung davon aus, dass Datenträger mit den darauf verkörperten Daten eigentumsfähig sind. So hat das Oberlandesgericht in Karlsruhe beschlossen, dass die auf den Datenträger verkörperten Daten eine körperliche Sache im Sinne des § 823 Abs. 1 BGB sind.[31]

---

[31] Vgl. OLG Karlsruhe, NJW 1996, 200

3 Wirtschaftliche Veränderungen im Vertrieb durch das digitale Zeitalter

Wie eingangs bereits erwähnt, ist eine wirtschaftliche sowie rechtliche Ausrichtung des Unternehmens hin zu einer digitalen Zukunft unvermeidbar, möchte man auch noch in Zukunft wettbewerbsfähig bleiben.

Veränderungen geschehen ständig. In den 60er und 70er Jahren veränderten sich viele Arbeitsplätze bzw. deren Tätigkeit durch die Automatisierung. Mitte der 90er Jahre kam das Internet und mit dem Internet änderte sich fast alles, da es großen Einfluss auf das Produktions- und Kundenverhalten nahm. Die Kunden hatten nun die Chance sich weitaus besser über Produkte zu informieren. Unternehmen hingegen hatten es leicht ihre Produkte, bspw. via Online-Shops oder Anfang der 2000er über soziale Netzwerke, zu bewerben.

Auch heutzutage hat sich unsere Kaufgewohnheit durch die Digitalisierung 4.0 im B2B und B2C Bereich enorm verändert. Als User hinterlassen wir oftmals Spuren. Durch bestimmte Programme und Algorithmen kann dann eine bestimmte Logik in der Abbildung und Prognose unseres Verhaltens abgeleitet werden.[32]

Durch die ständigen Veränderungen in der Technologie, Datenspeicherung und im Vertrieb 4.0, sind die Hürden in rechtlicher Hinsicht ebenfalls groß. Die Digitalisierung und Industrie 4.0 werfen eine Vielzahl an neuartigen rechtlichen Fragestellungen auf. Für viele Rechtsabteilungen in Unternehmen ist Digitalisierung eines der Top-Themen. Laut einer Studie des Bundesverbands der Deutschen Industrie e. V. (BDI) werden bereits heute rund 50 Prozent der Rechtsabteilungen in größeren Unternehmen in die strategischen Überlegungen in puncto Digitalisierung mit einbezogen.[33]

Kennzeichen für Vertrieb 4.0 ist u.a. die Vernetzung von Kommunikationsprozessen. Die Vernetzung kann mehrere Unternehmen bzw. deren Systeme umfassen.

---

[32] Vgl. Biesel, 2016, S. 14

[33] Vgl. Willems, Bräutigam, https://bdi.eu/media/presse/publikationen/information-und-tele-kommunikation/201511_Industrie-40_Rechtliche-Herausforderungen-der-Digitalisierung.pdf Abruf am 15.05.2018

Diese Vernetzungen schließen unternehmensübergreifend vernetzte Produktions- und Dienstleistungsprozesse und deren rechtliche Rahmenbedingungen mit ein.[34]

3.1 Der (stationäre) Handel im Wandel

Wie sich in der Einleitung bereits gezeigt hat, zeichnet sich ein rasanter und großer Wandel in Bezug auf die Digitalisierung ab. Gerade in der heutigen Zeit, in der Veränderungen gefühlt täglich geschehen, ist es nicht verwunderlich, dass sich auch die Wirtschaft stark wandelt. Immer deutlicher zeichnet sich ab, wie sehr sich durch Industrie 4.0 und die digitale Revolution ganze Wirtschafts- und Handelszweige rasant weiterentwickeln.

Auch werden, bzgl. Produktverfügbarkeit, Preistransparenz, Service sowie Beratung, neue Standards gesetzt. Diese zeigen sich nicht nur, aber vor allem im Vertrieb und im (stationären) Handel. Es ist davon auszugehen, dass sich das Wachstum im Online-Handel in der nahen Zukunft weiter fortsetzen wird. Laut einer Studie des Bundesverbands „E-Commerce und Versandhandel" zum interaktiven Handel in Deutschland aus dem Jahr 2016, stieg der Umsatz im Online-Handel von rund 47 Mrd. Euro im Jahr 2015 auf knapp 53 Mrd. Euro im Folgejahr. Das ist ein Plus von 12,5 Prozent zum Vorjahr. Tendenz steigend.[35]

Der Einkauf ist natürlich nicht nur auf den Computer zuhause beschränkt. Ebenso ist das mobile Einkaufen via Smartphone oder Tablet zunehmend lukrativer geworden. Haben im Jahr 2011 nur rund 27 Prozent der über 14-jährigen ein Smartphone besessen, so waren es im Jahr 2017 rund 80 Prozent. Dabei gebrauchen die User ihr mobiles Gerät, um Produktinformationen zu bestimmten Artikeln zu recherchieren oder zum direkten Online-Kauf bspw. via App.[36]

Auch durch etwaige Vergleichsportale, Online-Marktplätze, Social-Shopping-Diensten oder Communities verschafft sich der Kunde im digitalen Zeitalter die nötigen Informationen, welche er zum Kauf eines Produktes benötigt. Im Nachhinein vergleicht er die Produkte anhand von Produktinformationen bspw. mithilfe von

---

[34] Vgl. bitkom, https://www.bitkom.org/NP-Bitkom/Jahresprogramme/Jahresprogramme/2016/Kriesel-Thomas/Bitkom-Position-Rechtliche-Rahmenbedingungen-Industrie40.pdf Abruf am 15.05.2018

[35] Vgl. bevh e. V. https://www.bevh.org/uploads/media/Auszug_aus_der_bevh-Studie_Interaktiver_Handel_in_Deutschland_2016_.pdf, S. 11, Abruf am 28.05.2018

[36] Vgl. Deloitte, bitkom e. V., Zukunft der Consumer Technology 2017, S. 15 und S. 57

Testberichten, Herstellerseiten, Meinungsportalen oder sozialen Netzwerken und entscheidet sich, auf Basis der gewonnen Informationen, für das passende Produkt[37].

Wie sehr sich der stationäre Handel und vor allem der Online-Handel in Zukunft verändert bzw. sich schon verändert hat, soll an einem kleinen Fallbeispiel der chinesischen Smartphone-Applikation „WeChat", aus dem Hause Tencent Ltd., gezeigt werden.

3.1.1 Fallbeispiel: „WeChat"

WeChat gehört in China zu einem der wichtigsten sozialen Medien im Internet. Die im Jahre 2011 ursprünglich als Messanger-Dienst gestartete App hat mittlerweile gut 900 Millionen Nutzer weltweit. Wobei der weitaus größte Nutzeranteil in der Volksrepublik China liegt.[38]

Doch ist WeChat längst kein reiner Messanger- und Video-Dienst mehr. WeChat bietet dem Nutzer die Möglichkeit, ein digitales Konto in der App anzulegen, welches dieser dann mit seinem eigenen Bankkonto verbinden und mithilfe eines Scancodes überall ganz einfach Zahlungen tätigen kann (WeChat Pay).

WeChat Pay ist eine der führenden Mobile Payment Lösungen in China und wird derzeit von rund 600 Millionen Usern monatlich aktiv genutzt. Durch den stets anhaltenden Zuwachs an WeChat-Nutzern ist die Tendenz steigend. Nutzer haben durch WeChat Pay bspw. die Möglichkeit Taxis, Lebensmittel oder Essen zu bestellen. Außerdem bietet die App ein schnelles und einfaches bezahlen über das Smartphone. Darüber hinaus kann auch Geld zwischen WeChat-Kontakten transferiert werden.[39] Diese und weitere Funktionen von WeChat Pay zeigt die nachfolgende Abbildung 1.

---

[37] Vgl. Heinemann, 2017, S. 57
[38] Vgl. Tencent Ltd, https://www.tencent.com/en-us/system.html Abruf am 28.05.2018
[39] Vgl. Wirecard AG, https://www.wirecard.de/wechat/?&no_cache=1, Abruf am 01.06.2018

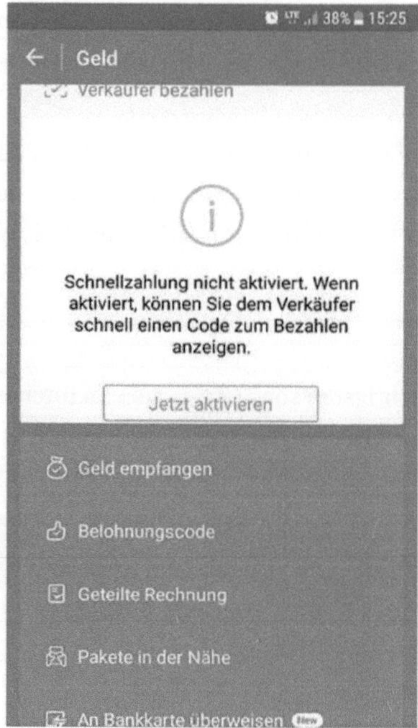

Abbildung 1: WeChat Schnellzahlungsfenster[40]

Des Weiteren hat man nicht nur die Möglichkeit durch einen Scan-Code vor Ort im Laden zu zahlen, sondern kann auch digitale Transaktionen vollziehen.[41]

Nach jeder Transaktion wird automatisch eine Bestätigung sowohl an den Händler als auch an den Kunden gesendet. Auf Wunsch des Kunden kann auch ein Beleg direkt vom Verkäufer vor Ort ausgedruckt werden.

WeChat bietet somit ein Rundum-System für den Onlinehandel und gibt Unternehmen damit die Möglichkeit attraktive Geschäftsmodelle via WeChat zu realisieren. Start-Ups benutzen die App bspw. für ihre Dienstleistungen. Auch und vor allem für europäische Unternehmen oder Geschäfte, welche auf den Tourismus angewiesen sind, bietet dies eine gute Möglichkeit chinesischen Touristen am Point of Sale bequem per WeChat Pay bezahlen zu lassen.

---

[40]   Eigene Aufnahme aus der WeChat-App

[41]   Vgl. QQ, https://pay.weixin.qq.com/wechatpay_guide/intro_method.shtml, Abruf am 01.06.2018

Durch WeChat werden zahlreiche Zielgruppen miteinander vernetzt und deren Sozialverhalten beeinflusst. Bereits heute verbringen junge Menschen mehr als sechs Stunden täglich mit der WeChat-App.[42]

WeChat hat die Ambition ihre Mobile Payment-Lösungen weiter auszubauen und bietet bereits seit dem 10. Juli 2017 zusammen mit der Wirecard AG die WeChat Pay–Funktionalität gezielt für Unternehmen und Nutzer in Europa an.[43]

3.2 Die Veränderung des Vertriebs durch Social Media Instrumente

Nicht nur rational betrachtet kann sich der Kunde für das Online-Shopping und gegen den stationären Handel entscheiden. Auch im Hinblick auf emotionale Kaufmotive bietet das Internet allerlei Möglichkeiten. Hierbei helfen vor allem Social Media Kanäle bei Kaufentscheidungsprozessen. Via soziale Netzwerke findet der Kunde heute viele Informationen über Beliebtheit und Akzeptanz von Produkten oder Dienstleistungen. Dies bringt diesem ein Stück weit mehr Sicherheit und Leichtigkeit bei der Entscheidungsfindung.[44] Außerdem hat man beim Kauf eines Produktes die Möglichkeit eine gewisse Gruppenzugehörigkeit zu signalisieren. So können User bspw. gekaufte Produkte auf Facebook liken, auf Twitter posten oder sich auf Instagram mit diesem ablichten lassen.

Im Jahre 2017 gaben nach einer Studie zufolge rund 2,8 Mrd. Menschen an die Social Media-Plattformen aktiv genutzt zu haben.[45] Neben dem Hochstellen von Fotos, Videos oder dem Posten von Nachrichten steht das Bewerten von Beiträgen oder Produkten, bspw. bei Facebook, Instagram oder Twitter im Mittelpunkt. Aus diesem Grund werden Entscheidungen oftmals auf Grundlage anderer getroffen. Hierbei kann alles und jeder bewertet werden. Deshalb ist es umso wichtiger, dass Unternehmen sich aktiv in den sozialen Netzwerken beteiligen, Neuigkeiten über Produkte mitteilen, eine starke Marke in sozialen Netzwerken etablieren und eine Community für Kunden schaffen.[46]

---

[42] Vgl. Biesel, 2016, S. 85 f.

[43] Vgl. Hesse, https://www.mobiflip.de/wirecard-bringt-wechat-pay-nach-europa/, Abruf am 06.06.2018

[44] Vgl. Gitomer. J, 2011, S. 31

[45] Vgl. Kemp. S, https://www.slideshare.net/wearesocialsg/digital-in-2017-global-overview?ref=https://wearesocial.com/uk/blog/2017/01/digital-in-2017-global-overview, Abruf am 25.06.2018

[46] Vgl. Heinemann, 2017, S. 35 f.

3.2.1 Die Vorteile von Social Media für Unternehmen

Das soziale Netzwerk eignet sich wie kein anderes Mittel zum Markenbranding. Wie bereits oben kurz beschrieben, liegt der große Vorteil darin, dass Unternehmen Ihre Kunden gezielter ansprechen können als je zuvor. Denn Nutzer teilen viel über ihre Person und ihre eigenen Interessen mit. Dies ist ein großes Plus für Unternehmen, da sie gezielt Werbeanzeigen in bestimmten Gruppen (z. B. Facebook-Gruppen, die auf einen bestimmten Bereich abzielen) schalten können und somit Streuverluste vermeiden.

Auch Werbeaktionen oder Produktpräsentationen und die Vermarktung neuer Produkte via Facebook sprechen sich, besonders bei Unternehmen mit einer großen Reichweite und großem Kundenstamm, sehr schnell herum.[47]

Nicht zu vernachlässigen ist auch der Kundenservice in sozialen Netzwerken, der laut Studie von Detecon Consulting immer mehr an Bedeutung gewinnt. Demzufolge wird es bereits in wenigen Jahren normal sein, dass Unternehmen Kundenanfragen über Blogs beantworten können sowie Produkte und deren Nutzung via Podcast oder Videoplattformen wie Youtube erklären. Wer weiterhin im Vertreiben seiner Produkte oder Dienstleistungen und im Kundenservice Erfolge verbuchen möchte, kommt über Social Media als Servicekanal nicht herum.[48]

Schon heute benutzen einige Unternehmen die sozialen Netzwerke, um ihren Kundenservice zu verbessern und zu vereinfachen. Die Firma Dell bspw. bittet ihre Mitarbeiter, eigenständig auf sozialen Netzwerken zu twittern (Kurznachrichten über das soziale Netzwerk Twitter zu senden und zu empfangen) oder auf Facebook etwas zu posten. Dies alles unter ihren eigenen Namen und mit dem Hinweis auf Dell. In Shanghai, London und den USA werden Mitarbeiter des Konzerns sogar in einer speziellen Akademie geschult, Kunden via Social Media anzusprechen, mit ihnen ins Gespräch zu kommen oder Hilfe anzubieten[49]. Die Telekom auf der anderen Seite bietet einen Twitter-Account an, an den sich Kunden wenden können, sollten sie Probleme mit Produkten oder Dienstleistungen des Telekommunikationsanbieters haben.[50]

---

[47] Vgl. Buhr. A, 2011, S. 101

[48] Vgl. DETECON, https://www.detecon.com/sites/default/files/Study-Kundenservice-der-Zukunft-2010.pdf, S.27 Abruf am 05.06.2018

[49] Vgl. Buhr. A, 2011, S. 104

[50] Vgl. http://twitter.com/telekom_hilft, Abruf am 10.06.2018

3.3 Die Auswirkung auf den Vertrieb durch Big Data

Wie Eingangs bereits erwähnt hat Big Data- Analytics das Potenzial die Wirtschaft massiv zu verändern. Somit ist Big Data nicht nur einfach ein technisches Phänomen, sondern Ausdruck eines umfassenden gesellschaftlichen sowie wirtschaftlichen Wandels.

3.3.1 Von Big Data zu Smart Data

Kaum ein Unternehmen ist nicht auf der Suche nach möglichst vielen Daten. Die große Datenspeicherung dient aber so gesehen nur als Rohstoff. Es kommt vielmehr darauf an, die Daten zu analysieren und so gut aufzubereiten, dass man in der Zukunft Algorithmen daraus ableiten kann, die es möglich machen, Verhaltensweisen oder Bedürfnisse am Markt oder beim Kunden frühzeitig zu erkennen. Somit wird erst durch eine intelligente Verarbeitung aus Big Data (Vielzahl von gespeicherten Daten) Smart Data (Auswertung und Analyse von großen Datenmengen).[51]

Dies funktioniert bspw. dadurch, dass Bewegungen mithilfe eines Smartphones gemessen werden können. Hierfür muss der Besitzer lediglich über die App des Anbieters ein GPS-Signal und eine Internet Verbindung verfügen. Wenn er dann noch unbewusst die Freigabe seiner Personendaten erlaubt, sendet die Software die Daten anonymisiert an den Anbieter weiter.[52] Wie genau das funktioniert, soll an einem konkreten Beispiel von Google Maps erläutert werden.

3.3.2 Fallbeispiel: Auswertung von Big Data am Beispiel von „Google Maps"

Der Online-Kartendienst von Google, „Google Maps", hat die Möglichkeit minutengenaue Vorhersagen zu treffen, wie lange ein Nutzer für eine bestimmte Strecke mit dem Auto, zu Fuß oder auf dem Rad braucht und ob etwaige Staus oder Verkehrsbehinderungen auf der Route vorhanden sind.

Durch die Auswertung der Benutzerdaten, werden mittels Algorithmen Bewegungsprofile erstellt. Damit kann die Geschwindigkeit, mit der sich das Smartphone im Auto, zu Fuß oder mit dem Rad fortbewegt, gemessen und ausgewertet werden. Aufgrund dessen, dass heutzutage fast jeder über ein Smartphone verfügt und Google Apps darauf installiert sind, hat Google die Möglichkeit, große

---

51 Vgl. Jähnisch, Von Big Data zu Smart Data- Herausforderungen für die Wirtschaft S. 1 f.
52 Vgl. Katzengruber. W, Pförtner. A, 2017, S. 42

Datenmengen zu sammeln und auszuwerten. Über ein sogenanntes Matching wird dann, durch die Vielzahl der Benutzer, ein nahezu detailgetreues Abbild der aktuellen Verkehrslage erzeugt[53].

Gut zu erkennen ist dies auf Google-Maps-Darstellungen (aufgerufen am 25. Mai 2018 gegen 16:15 Uhr) der Würzburger Innenstadt, während des Feierabendverkehrs. Grün bedeutet hier „normaler Verkehr, keine Verkehrsstörungen". Orange zeigt, dass eine „leichte Behinderung, leichte Verzögerung" vorliegt. Rot bedeutet „zähfließender, stockender Verkehr". Dunkelrot meint „Stau, erhebliche Verkehrsbehinderungen". Durch diese Anwendung hat der User immer genau im Blick, wo gerade auf seiner Strecke Staus oder Verkehrsstörungen sind und hat somit die Möglichkeit, sich die beste Reiseroute auszusuchen, um schneller ans Ziel zu kommen.

3.3.3 Smart Data und Business Analytics

Auch durch die Auswertungen unserer Biografien in Businessnetzwerken, wie Xing oder LinkedIn oder geteilte Gedanken und Posts auf Twitter und Facebook wird ein nahezu passendes digitales Abbild des Kunden 4.0 erstellt.[54]

Das Zeitalter Vertrieb 4.0. wurde mit der intelligenten Vernetzung und der daraus folgenden Analyse der Customer Journey eingeleitet. Im zukünftigen vertrieblichen Wettbewerb wird der Kunde als Profil angelegt, woraus seine Bedürfnisse transparent werden, mit dem Ziel, einen digitalen Doppelgänger zu schaffen. Für den weltweiten Markt werden Vertriebsprozesse immer mehr zum Streit um Informationen über Kunden, Markpotenziale und Bedürfnisstrukturen führen.[55]

Der Überbegriff für solche Analyseformen, mit dem Ziel neue Erkenntnisse aus Vergangenheit, Gegenwart und Zukunft zu gewinnen, heißt Business Analytics. Business Analytics soll Unternehmen helfen, gezieltere Vorhersagen für die Geschäftsplanung treffen zu können und ihnen somit in vertrieblicher- sowie marketingtechnischer Hinsicht einen Vorteil zu bieten.

Einige Komponenten der Business Analytics sollen im Folgenden erläutert werden:

---

[53] Vgl. handysektor.de, https://www.handysektor.de/artikel/geheimnis-staumelder-wie-funktioniert-eigentlich-google-maps/ , Abruf am 14.6.2018

[54] Vgl. Schwarz, 2015, S. 164f.

[55] Vgl. Katzengruber. W, Pförtner. A, 2017, S. 32f

- **Diagnostic Analytics**: Diagnostic Analytics beschäftigt sich profan gesagt mit der Frage „Warum ist etwas passiert?" bzw. „Was lief gut/schlecht?". Sie stellen den Zusammenhang von Ursache und Wirkung besser dar und geben Rückschlüsse darauf. Des Weiteren lassen sie Einblicke zu, warum diverse Ereignisse in gewissen Kontexten oder unter bestimmten Umständen eingetreten sind. Bereits heutzutage werden solche Analyseformen in der Stau- und Unfallforschung angewendet.

Für ein Unternehmen kann dies benutzt werden, um später bestimmte Merkmale herauszufiltern. Bspw. warum ein Kunde gerade dieses Produkt gekauft hat oder warum er ein Produkt nach langem Überlegen doch nicht gekauft hat.[56]

- **Descriptive Analytics**: Diese Analyseform beschäftigt sich mit der Frage „Was passierte?". Durch die analytische Auswertung der Vergangenheit lassen sich Schlüsse für die Gegenwart und Zukunft ziehen. Das Ziel von Descriptive Analytics ist die Identifizierung von Problemfeldern und Potenzialen im Unternehmen und bei Kunden.

In Unternehmen werden solche Analysen zumeist zur nachträglichen Betrachtung von Ergebnissen im Unternehmen eingesetzt. Bspw. kann damit herausgefunden werden, ob Kampagnen erfolgreich waren oder ob die Nutzerzahlen im Gegensatz zur vorherigen Aufzeichnung gestiegen bzw. gefallen sind.

Für den Verkauf wiederum könnte dies mehr Transparenz im Bereich der Verkaufssteuerung und Verkaufsunterstützung bedeuten[57].

- **Predictive Analytics**: Mit Predictive Analytics sollen, bspw. um Kunden zu gewinnen, noch effizientere und genauere Vorhersagen getroffen werden. Kunden für eine Marke, ein Produkt oder eine Dienstleistung zu gewinnen, bedeutet, sie zu begeistern. Um dies zu bewerkstelligen, müssen die Einkaufserlebnisse auf die Bedürfnisse jedes einzelnen Kunden zugeschnitten werden. Predictive Analytics hat hier die Aufgabe die vorhandenen Daten der Kunden sowie externe Faktoren zu analysieren und daraus eine präzise Diagnose über das künftige Kundenverhalten zu erstellen bzw. das Unternehmen über zukünftige Kundenwünsche zu informieren. Dadurch lassen

---

[56] Vgl. Katzengruber. W, Pförtner. A, 2017, S. 47 f.

[57] Vgl. Goram, http://www.datenbanken-verstehen.de/lexikon/descriptive-analytics/, Abruf am 15.06.2018

sich Entscheidungen wesentlich leichter und präziser treffen und hohe Einsparungen bei Marketing- oder Vertriebsmaßnahmen erzielen.

Dies ist umso wichtiger, da jeder Kunde individuell auf seine Bedürfnisse angesprochen werden möchte. Nur Unternehmen, welche sich ein genaues Bild von ihren Kunden und deren Werten machen, können es schaffen, gezielt mit passgenauen Angeboten und Informationen zu punkten und Kunden für sich zu gewinnen bzw. tragfähige Kundenbeziehungen aufzubauen. Up-Selling, Cross-Selling und eine konstante Kundenwertsteigerung basieren auf sauberen Kundendaten und Prognosen zum Kundenverhalten (sogenanntes Behaviour Analytics).

Bereits heute werden solche Methoden auch im Verkauf durch Sales-Funnels (Verkaufstrichter) oder Forecasts genutzt.[58]

Ein Unternehmen, welches bereits heute schon Predictive Analytics benutzt, ist Google mit seinem Programm „Google Maps". Mithilfe der Analyse von bereits vorhandenen Daten der Autofahrer können Verzögerungen oder Ankunftszeiten bereits vorher schätzungsweise ermittelt werden.

Hier wird bereits eine geschätzte Vorhersage für die Ankunftszeit am Mittwoch, den 20.Juni 2018, bei einer Startzeit um 06:40 Uhr, basierend auf bereits vorhandenen Daten, getroffen (aufgerufen am 13.Juni 2018).[59] Bei der Stecke Hanau – Aschaffenburg wird bereits der Berufsverkehr, welcher laut den ausgewerteten Daten besonders stark an der Strecke B45 bei Hanau auftritt, eingeplant.

- **Prescriptive Analytics**: Prescriptive Analytics ist sowohl mit Descriptive als auch Predictive Analytics verwandt. Während sich Diagnostic Analytics mit der Frage nach dem „Was passiert ist?" beschäftigt, widmet Descriptive Analytics sich der Frage „Warum etwas passiert ist?". Predictive Analytics sucht nach dem Potential in der Zukunft: „Was wird passieren?". Bei Prescriptive Analytics geht es mehr um die Frage „Wie werden wir es möglich machen?".

So kann man sagen, dass Prescriptive Analytics eine Erweiterung der Predictive Analytics ist. Es geht der Frage nach, wie sich verschiedene Vorgehensweisen auf ein Ergebnis auswirken können. Unternehmen haben dadurch die Möglichkeit, Handlungsanweisungen zu erhalten und dadurch Ihre Entscheidungsfindungen zu

---

[58] Vgl. Schwarz, 2015, S. 226

[59] https://www.google.com/maps/

optimieren. Ziel ist es also, die richtigen Entscheidungsoptionen zu finden und Risiken so gut es geht vorzubeugen, zu minimieren oder gar vollständig zu umgehen. Für eine noch bessere Vorhersage und um passgenau die richtige Entscheidung zu treffen, analysiert Prescriptive Analytics kontinuierlich interne und externe Daten aus verschiedenen Quellen.[60]

Die Basis, für diese Vorgehensweisen und Analysen bilden sowohl strukturierte als auch unstrukturierte Daten aus internen und externen Quellen sowie komplexe mathematische Algorithmen.

In der Praxis könnte das z. B. für Marketing- oder Salesmaßnahmen nützlich sein. Im Sales-Kontext könnte bspw. der Sales-Funner (Verkaufstrichter) passgenau mit anderen Daten vernetzt werden. Dabei sind umfangreiche und umfassende Prophezeiungen möglich, welche eine enorme Auswirkung für die Organisationen haben. Allgemein kann man sagen, dass Prescriptive Analytics vor allem dort eingesetzt werden kann, wo begrenzte Ressourcen optimal genutzt werden müssen.[61]

Die folgende Abbildung, das Analytics-Reifegradmodell von Gartner, bietet einen weiteren Orientierungspunkt zur Einordnung der Business Analytics und zeigt hier ebenfalls den Value-Difficulty-Grad der verschiedenen Analytics-Formen auf.

---

[60] Vgl. Litzel. N, https://www.bigdata-insider.de/was-ist-prescriptive-analytics-a-675521/ Abruf am 02.06.2018

[61] Vgl. Katzengruber. W, Pförtner. A, 2017, S. 48

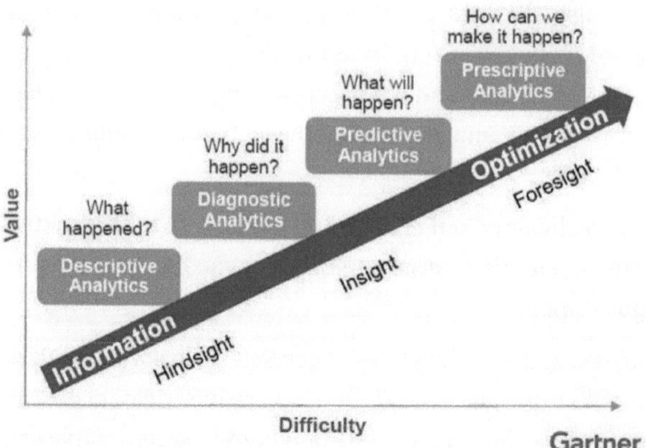

Abbildung 2: Analytics-Reifegradmodell von Gartner[62]

Prescriptive Analytics hat die größte Wirkung, ist jedoch auch am schwierigsten zu realisieren. Das liegt vor allem auch daran, dass heutzutage die Techniken, bspw. in der künstlichen Intelligenz, noch nicht ausgereift sind.

---

[62] Vgl., Gartner, https://images.computerwoche.de/bdb/2579388/890x.png, Abruf am 09.06.2018

4 Künstliche Intelligenz (KI)

Die Aufgabe einer künstlichen Intelligenz ist es, mit den Fähigkeiten von Computern oder Maschinen, Aufgaben zu bewältigen, welche bisher mittels menschlicher Intelligenz nicht bewältigt werden konnten. Darunter fällt unter anderem auch die Technik bzw. die Fertigkeit, Schlussfolgerungen zu ziehen, Risiken zu erkennen, Umgebungsparameter wahrzunehmen, zu verallgemeinern oder aus der Vergangenheit zu lernen und daraus Schlüsse auf künftige Entwicklungen zu ziehen.[63]

4.1 Fallstudie: Der Fortschritt der künstlichen Intelligenz am Beispiel des Unternehmens SenseTime Group Ltd.

Das im Jahre 2014 in Peking, China gegründete Unternehmen SenseTime Group Ltd. ist ein Unternehmen, welches sich auf den Bereich Künstliche Intelligenz spezialisiert hat. Insbesondere auf das Thema Gesichts- und Bilderkennung.[64]

SenseTime ist darüber hinaus auf über 100 Millionen chinesischen Smartphones installiert und plant in mindesten fünf chinesischen Großstädten sogenannte „Supercomputer" zu installieren, bei denen die Gesichtserkennung aus 100.000 Live-Übertragungen von Verkehrsüberwachungskameras, Bankautomaten oder auch normalen Smartphones in einem einzigen System ausgewertet werden. Einige Apps benutzen SenseTime, um User durch Gesichtserkennung freizugeben und somit die Nutzerregistrierung zu erleichtern. Des Weiteren soll die Software auch polizeilich gesuchte Verbrecher erkennen können und sie leichter ausfindig machen. Darüber hinaus hat es die Aufgabe, das Verhalten von Leuten zu erkennen und zu speichern.[65]

Durch die detaillierte Gesichtserkennung (Facial Feature Point Positioning) können selbst kleinste Veränderungen im Gesicht erkannt und ausgewertet werden. Hierdurch ist es in Zukunft sehr einfach möglich, kleinste emotionale Veränderungen

---

[63] Vgl. computerwoche.de, https://www.computerwoche.de/k/kuenstliche-intelligenz-artificial-intelligence,3544, Abruf am 09.06.2018

[64] Vgl. bloomberg.com, https://www.bloomberg.com/research/stocks/private/snapshot.asp?privcapId=278048842, Abruf am 10.06.2018

[65] Vgl. Bünte, https://www.heise.de/newsticker/meldung/Chinesisches-Unternehmen-SenseTime-ist-wertvollstes-Startup-fuer-kuenstliche-Intelligenz-4013095.html, Abruf am 10.06.2018

im menschlichen Gesicht zu erkennen und die Reaktionen von Kunden, in bestimmten Situationen, aufzunehmen und zu analysieren.[66]

Darüber hinaus wird die intelligente Gesichtserkennung auch für Pilotprojekte in chinesische Einkaufsmärkte eingesetzt. So benutzen bspw. der Elektrogeräte-Einzelhändler Sunning Group sowie einige Walmart Filialen in China diese Technologie für Testzwecke. Ziel ist es durch intelligente Gesichtserkennung, Verhaltensmuster von Kunden zu erstellen und zu analysieren, um so in Zukunft ein noch besseres Einkaufserlebnis zu schaffen und Angebote für Kunden noch interessanter zu gestalten. Dies ist ein gewaltiger Fortschritt in technischer sowie vertrieblicher Hinsicht und hat den Vorteil sich mit intelligenter Technik von Mitbewerbern abheben zu können[67].

---

[66] Vgl. SenseTime, https://www.sensetime.com/core, Abruf am 11.06.2018
[67] Vgl. Horwitz. J, https://qz.com/1248493/sensetime-the-billion-dollar-alibaba-backed-ai-company-thats-quietly-watching-everyone-in-china/, Abruf am 11.06.2018

5 Chancen und Risiken im digitalen Zeitalter

Technische und wirtschaftliche Veränderungen im digitalen Zeitalter haben jedoch immer zwei Seiten. So gibt es neben den Chancen und neuen Möglichkeiten, die diese Veränderung mit sich bringt, auch immer Risiken und Herausforderungen für Unternehmen.

In diesem Abschnitt soll nun auf beide Seiten eingegangen werden und aufgezeigt werden, dass bei Veränderungen nicht immer nur Vorteile entstehen, sondern diese auch Nachteile nach sich ziehen können.

5.1 Chancen

Veränderungen bringen immer Chancen und neue Optionen mit sich. Diese können, je nach Bereich, ganz unterschiedlich ausfallen. Daher soll nun auf die im oberen Kapitel genannten Bereiche einzeln eingegangen und die Gelegenheiten, welche sich dadurch ergeben, erläutert werden.

5.1.1 Möglichkeiten durch die digitale Veränderung im E-Commerce

Die Vorteile eines eigenen Online-Stores bzw. einer Webseite liegen auf der Hand. Durch den Wegfall von Miete für ein Ladengeschäft und Personalaufwänden für Verkaufs- und Lagerpersonal können die Kosten, welche durch einen stationären Laden entstehen würden, erheblich reduziert werden. Durch den grenzenlosen und weltweiten Handel entsteht ein großes Nachfragepotential, welches auch kleinen Unternehmen die Möglichkeit bietet, neue Kunden zu gewinnen. Da die wichtigsten Netzwerke wie das Internet global ausgerichtet sind, haben selbst die kleinsten Händler und Anbieter durch einen Online-Shop die Chance globale Präsenz zu zeigen und weltweit zu operieren.

Auch haben Unternehmen die Möglichkeit den Kunden einen besseren Support anzubieten. Durch die Nutzung eines sogenannten Live-Chat-Supports müssen Kunden nicht extra zum Telefon greifen und in der Warteschleife warten oder in den Laden fahren, um einen Mitarbeiter um Hilfe zu bitten, sondern können mit Hilfe von Live-Chats direkten Support erhalten. Dies bietet einen enormen Vorteil für die Kunden und das Unternehmen. Unternehmen haben dadurch die Möglichkeit Kunden besser zu binden und somit rückläufige Kundenzahlen zu vermeiden.[68]

---

[68]   Vgl. Userlike, https://www.userlike.com/de/features, Abruf am 12.06.2018

Der Kunde hat ebenso die Möglichkeit, zu jeder Tages- und Nachtzeit, bequem von Zuhause aus, Waren zu bestellen und Dienstleistungen, bspw. durch digitale Produkte (Software, digitale Weiterbildungskurse) wahrzunehmen. Insbesondere Nischenproduktseiten haben so die Chance ein breiteres Publikum zu erreichen und mehr Umsatz zu generieren.

Ein weiterer Vorteil ist, dass durch die Vielzahl von Anbietern, die Kunden vom Wettbewerb bzgl. der Preise und des Service profitieren. Meist sind die Lieferzeiten zudem sehr kurz und die Liefergebühren gering oder teilweise kostenfrei.

5.1.2 Möglichkeiten durch die digitale Veränderung in sozialen Netzwerken

So wie der Online-Handel hat auch das Social Media Marketing einige Vorteile. Und genau wie beim E-Commerce bieten soziale Netzwerke den Unternehmen eine breite Masse, die angesprochen werden kann. Wie im Kapitel 2.2 „Social-Media" bereits erwähnt, benutzen rund 40 Prozent aller Deutschen bereits ein soziales Netzwerk wie Facebook oder Instagram. Wie beim Online-Handel haben kleinere Unternehmen durch die Nutzung von sozialen Medien die Chance mehr Menschen zu erreichen und somit mehr Kunden zu generieren.

Auch durch den verbesserten Kundenservice in sozialen Netzwerken oder in relevanten Blogs kann die Kundenbindung und Kontaktpflege stark gefördert werden. Dies verhindert Kundenschwund und bringt wertvolle Feedbacks zu Tage. Nach einer Studie haben rund 57 Prozent der Unternehmen, welche einen Blog führen, durch hilfreiche und nützliche Blogeinträge neue Kunden gewonnen.[69]

Ebenfalls wird der Erfolg deutlich messbarer. Durch die Anzahl der Likes auf Facebook oder der Follower auf Instagram sowie der Tweets auf Twitter können Unternehmen schneller erkennen, ob die Social Media Kampagnen funktioniert haben oder eher ein Flop waren. Durch sogenannte Cookies auf den Webseiten haben Unternehmen die Chance wertvolle Informationen auszulesen. Man kann bspw. zurückverfolgen, ob der Nutzer von einem sozialen Netzwerk auf die Unternehmenswebseite gelangt ist und wenn ja, von welcher aus dieser weitergeleitet wurde. Das macht es Unternehmen viel einfacher statistische Auswertungen zu erhalten und zu interpretieren.[70] Zudem lassen sich durch die Auswertung eigner Social Media

---

[69] Vgl. Grabs. A, Vogl. E, 2016, S. 37
[70] Vgl. Ziegler, Lambertin, 2013, S. 105

Kanäle sehr schnell Trends erkennen, die dazu führen, dass man einfacher und rascher neue Märkte erschließen kann.

Vor der digitalen Zeit erfuhren Interessenten oder potentielle Kunden ausschließlich durch klassische Formen des Marketings bspw. durch Zeitungen, Zeitschriften oder Bannerwerbung auf den Straßen von den jeweiligen Unternehmen. Heutzutage ist es viel einfacher Leute zielgruppengenau zu erreichen.[71]

5.1.3 Möglichkeiten durch die digitale Veränderung in Bezug auf Big Data[72]

Wie oben bereits kurz angeschnitten, hat Big Data ein enormes Potential und das nicht erst in der Zukunft, sondern schon heute.

Ein Vorteil ist natürlich, wie der Name schon sagt, die großen Mengen an Daten, welche Unternehmen haben. Dadurch haben sie die Möglichkeit, Informationen über Kunden oder konkurrierende Unternehmen zu gewinnen.

Durch die oben genannten Business Analytics hat man die Chance für die Zukunft nahezu passgenaue Konzepte zu konstruieren. Hierbei können bspw. schon von vornherein die Angebote auf die Kundenbedürfnisse individuell zugeschnitten oder verbessert werden, um Einkaufserlebnisse des Kunden auf dessen Bedürfnisse anzupassen. Durch die Verschmelzung von Daten aus unterschiedlichsten Quellen haben Unternehmen die Möglichkeit, eine ganzheitliche Kundenanalyse vorzunehmen. Marketingmaßnahmen können somit auch besser auf den Kunden zugeschnitten werden. Das hat zur Folge, dass die Kundenzufriedenheit gesteigert, die Kundenbindung gestärkt und dahingehend die Customer Experience verbessert werden kann.

Auch bieten solche Vorhersagen die Chance, frühzeitig Trends oder neue Marktentwicklungen zu erkennen und in das Unternehmen bzw. auf dem Markt zu implementieren. Die globale Welt macht es Unternehmen nicht einfach sich von ihren Wettbewerbern zu unterscheiden und neue potentielle Marktlücken zu erkennen. Durch das Wissen, welches Unternehmen durch Methoden wie Business Intelligence und anhand der großen Datenmengen erlangen, werden sie effizienter und können sich somit schneller von Wettbewerbern abheben. Dies wird auch vor allem

---

[71] Vgl. Weinberg. T, 2014, S. 16
[72] Vgl. PwC, https://www.pwc.de/de/prozessoptimierung/assets/pwc-big-data-bedeutung-nutzen-mehrwert.pdf, Abruf am 14.06.2018

durch den Zugang auf Daten unterschiedlicher Weltregionen und Absatzmärkte erlangt.

Geschäftsführer oder Vorstände haben darüber hinaus die Möglichkeit mit Hilfe von Big Data Entscheidungen leichter zu fällen oder Prozesse leichter zu analysieren. Dies hat zur Folge, dass interne Geschäftsprozesse massiv verbessert werden können. Durch sorgfältige Analyse der unternehmenseigenen Daten und Daten aus externen Quellen haben Analysten die Möglichkeit, Schwachstellen innerhalb ihres Unternehmens einfacher zu identifizieren und im Nachhinein zu optimieren. Somit werden Prozesse effizienter und unnötige Kosten können ggf. minimiert werden.

5.2 Risiken

Allerdings haben die Digitalisierung und Veränderungen durch neue Technologien nicht immer nur Vorteile, sondern bringen auch einige Nachteile mit sich. In diesem Unterkapitel sollen nun diverse Herausforderungen und Risiken der digitalen Veränderung angesprochen werden.

5.2.1 Herausforderungen und Risiken durch die digitale Veränderung im stationären- sowie Online-Handel

So gut der Online-Handel auch ist und so viele Vorteile er auch mit sich bringt, so hat er auch einige Nachteile. Der Online-Handel birgt aufgrund der Einfachheit und der vielen Vorteile für Kunden eine große Gefahr für den stationären Handel. Aufgrund dessen, dass sich der E-Commerce immer weiter ausweitet und immer populärer wird, besteht die Gefahr, dass viele Händler, welche sich mit dem Online-Geschäft nicht gut auskennen oder bei denen es sich nicht mehr lohnt, einen Webshop aufzumachen, vom Markt verdrängt werden. Ihnen droht oftmals die Ladenschließung. Auch aufgrund der immer höher steigenden Mieten wird es in Zukunft noch schwerer stationäre Geschäfte zu halten. Laut der Studie des Instituts für Handelsforschung (IfH) „Stadt, Land, Handel 2020" droht jedem zehnten stationären Handel das Aus. Wobei strukturschwache Städte und Gebiete, wie bspw. Sachsen, das Saarland, Thüringen und Sachsen-Anhalt, besonders stark betroffen sind.[73]

---

[73] Vgl. Heinemann, 2017, S. 22

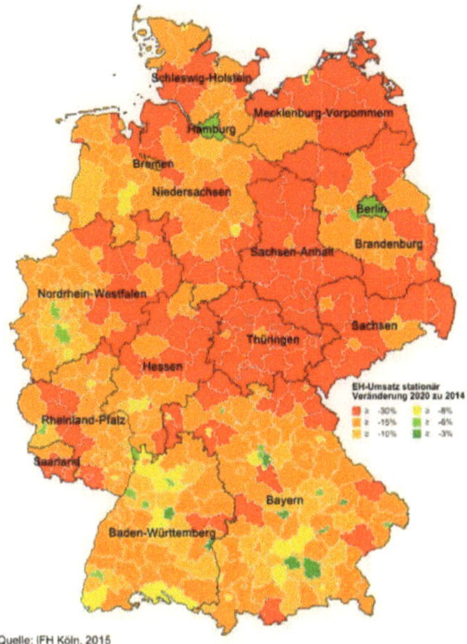

Abbildung 3: Umsatzentwicklung im stationären Handel bis 2020[74]

Die Abbildung des IfH 2015 aus der Studie „Stadt, Land, Handel 2020" verdeutlicht die Veränderungen des stationären Handels nach Region. Hierbei sieht man deutlich, dass in den oben bereits genannten Gebieten ein starker Rückgang (< 30 Prozent) des stationären Handels zu erwarten ist.

Dies hat natürlich auch zur Folge, dass sehr viele Arbeitsplätze wegfallen werden. Das ist jedoch nicht nur ein Phänomen aufgrund von Veränderungen im stationären und Online-Handel, sondern der gesamten Digitalisierung. Wenn neue Technologien entstehen, fallen oftmals auch alte Arbeitsplätze weg.

5.2.2 Herausforderungen und Risiken durch die digitale Veränderung im Social-Media-Bereich

„Das Internet vergisst nichts" lautet das bekannte Sprichwort, welches verdeutlichen möchte, dass man darauf achten sollte, was man ins Netz stellt. So wenig wie das Internet vergisst, so wenig vergessen auch Kunden.

Social-Media ist ein sehr guter und hilfreicher Kanal, wenn es darum geht, zielgenau einen bestimmten Kundenkreis anzusprechen. Allerdings kann dies auch

---

[74] Vgl. Heinemann, 2017, S. 23

negative Konsequenzen haben, wenn Unternehmen etwas posten oder auf sozialen Netzwerken uploaden, was keine positive Wirkung auf bestehende oder potenzielle Kunden hat. Der Nachteil von Social Media Marketing ist, dass sich Falschmeldungen oder skandalöse Werbekampagnen viel schneller verbreiten als gute Nachrichten. Da kann es innerhalb von Tagen oder Stunden zu einem massiven Sturm der Entrüstung bei Usern kommen. Schnell ist dann das gute Image des Unternehmens verloren oder beschädigt.

5.2.3 Fallbeispiel: Negativbeispiel einer Social Media Kampagne des Unternehmens DiGiorno

Ein Negativbeispiel hierfür ist der US-Pizza-Produzent DiGiorno. Im September 2014 beteiligte sich dieser an den, zu der Zeit bei Twitter, sehr nachgefragten Hashtags, „#WhyIStayed" und „#WhyILeft". Das Unternehmen warb hier mit dem Slogan „#WhyIStayed You had Pizza". Ziel war es Kunden, welche eine Pizza von DiGiorno gekauft haben, dazu zu bringen auf der Twitter-Seite des Pizza-Produzenten zu posten, warum sie Pizza von DiGiorno ausgesucht haben.

Der Knackpunkt hierbei war jedoch, dass die beiden genannten Hashtags von Opfern häuslicher Gewalt verwendet wurden und mit den beiden Hashtags ausdrücken wollten, warum sie bei ihren Peinigern geblieben sind bzw. warum sie diese verlassen haben. DiGiorno hatte sich zuvor jedoch darüber nicht informiert und den „Hype" des Hashtags nur ausgenutzt, um mehr Aufmerksamkeit zu bekommen.

Der darauffolgende Protest der User war somit vorprogrammiert. DiGiorno entschuldigte sich zwar im Nachhinein dafür und stellte klar, dass man über die Hashtags vor dem Tweet keine Recherchen über die Aussagen gemacht habe. Der Imageschaden blieb jedoch, auch noch im Nachhinein, sehr groß.[75]

5.2.4 Herausforderungen und Risiken durch die digitale Veränderung in Bezug auf Big Data

Auch im Bereich Big Data gibt es einige Nachteile für Unternehmen und Kunden. Big Data mit seinen ganzen Vorteilen der Automatisierung und seinem Business Intelligence birgt für die Vertriebsbelegschaften auch eine gewisse Gefahr. Bereits in einem Jahrzehnt oder sogar in einigen Jahren kann die Automatisierung so weit vorangeschritten sein, dass die pass- und bedürfnisgenaue Ansprache der Kunden

---

[75] Vgl. t3n, https://t3n.de/news/social-media-marketing-fails-learnings-568908/, Abruf am 16.06.2018

oder die Leadgenerierung potentieller Kunden bis zum Abschluss des Verkaufsprozesses ohne menschliches Zutun geschieht. Die Konsequenz des Ganzen ist, dass viele Teile im Marketing und Sales, so wie wir sie heute kennen, wegfallen werden und damit auch Arbeitsplätze. Zum Vorschein könnten Prozessmanager kommen, welche in der Lage sind, bestimmte Algorithmen von intelligenten Sales-Programmen oder Computern zu optimieren, die dann passgenaue Vertriebskonzepte oder Strategien liefern.[76]

Ein weiterer Nachteil ist, wie der Name schon sagt, die große Menge an Daten. Auf der einen Seite, wie im letzten Kapitel beschrieben, hat dies auch Vorteile, bringt aber auch einige Nachteile mit sich. Es betrifft Unternehmen in kostentechnischer Hinsicht sowie Kunden in Bezug auf die vielen Informationen, welche Unternehmen im Laufe der Zeit über diese gesammelt haben.

Bei jeder Transaktion im Internet gibt der Nutzer seine Daten preis. Unternehmen können dies in Zukunft bzw. bereits heute schon benutzen, um Konsumentenprofile zu erstellen und das Verhalten der Kunden zu analysieren. Dies birgt natürlich auch einen erheblichen Einblick in die Privatsphäre der Kunden. Allerdings ist es oftmals so, dass die Kunden Ihre Daten gar nicht bewusst preisgeben. Ein gutes Beispiel hierfür ist wieder der Online-Kartendienst des US-amerikanischen Unternehmens Google. Da Google Maps auf vielen Smartphones, besonders auf Android-Geräten, bereits vorinstalliert ist, wissen User gar nicht, dass Google ihr GPS-Signal nutzt, um Bewegungsprofile zu erstellen und somit eine passgenauere Verkehrslage abzubilden.

Aber auch auf Social-Media-Plattformen wie Facebook, Xing oder Twitter werden durch die Lebensläufe auf Business-Netzwerken, Gedanken auf Facebook oder Tweets auf Twitter digitale Abbilder von Usern erschaffen, die für Unternehmen sehr wertvoll sind[77].

Aufgabe der Politik ist es hier ein Datenschutzgesetz herauszubringen, welches den User vor etwaigen Maßnahmen schützt. Auf dieses Thema wird im nächsten Kapitel noch genauer eingegangen.

Auch aufgrund der Kosten ist die Datenspeicherung nicht immer ganz einfach. Dadurch, dass bei Big Date eine Vielzahl an Daten gespeichert werden, steigen natürlich auch die Kosten für die Instandhaltung und Anschaffung von Servern etc.

---

[76] Vgl. Katzengruber. W, Pförtner. A, 2017, S. 33 f.
[77] Vgl. Katzengruber. W, Pförtner. A, 2017, S. 42 ff.

Dies bezieht sich natürlich auch auf die Sicherheit der Daten. Oftmals können Unternehmen diese durch ihre Rechenleistungen nicht gewährleisten und sind dann ggf. auf externe Rechenzentren angewiesen. Was vor allem auch für kleine Unternehmen kostenintensiv werden kann.[78]

---

[78] Vgl. Bachmann. R, Gerzer. T, 2014, S. 240

6 Rechtliche Fragestellungen im digitalen Vertrieb

Herausforderungen gibt es nicht nur im wirtschaftlichen Kontext. Auch und vor allem im Hinblick auf rechtliche Problemstellungen gibt es für Unternehmen vieles zu beachten. In diesem Kapitel sollen rechtliche Rahmenbedienungen in Bezug auf Big Data und Social-Media erörtert werden. Dabei sollen auch zukünftige Veränderungen vom Gesetzgeber eine Rolle spielen.

6.1 Rechtliche Herausforderungen in Bezug auf Big Data

Wie wir in den vorherigen Kapiteln bereits erörtert haben, verändert sich die Wirtschaft rasant. Neue Technologien kommen auf. Dabei entstehen neue Möglichkeiten, sie bringen aber auch einige Risiken mit sich.

Durch neue Entwicklungen müssen sich auch neue Gesetze etablieren und bereits bestehende angepasst werden. In diesem Kapitel sollen rechtliche Veränderungen der Digitalisierung in Bezug auf Big Data und der neuen EU-DSGVO angesprochen werden.

6.1.1 Big Data und Datenschutz nach dem Bundesdatenschutzgesetz

Zweck des Datenschutzes im Allgemeinen ist der Schutz des Grundrechts auf informationelle Selbstbestimmung gem. Art. 2 Abs. 1 und Art. 1 Abs. 2 GG.[79]

Bisher wurde das Thema der personenbezogenen Daten im Bundesdatenschutzgesetz (BDSG) geregelt. Nach § 3 BDSG ist geregelt, was personenbezogene Daten sind und was die Verarbeitungen mit solchen zur Folge hat. Hierunter fallen alle Angaben von persönlichen oder sachlichen Verhältnissen einer bestimmten oder bestimmbaren natürlichen Person. Unter dem Begriff „Verarbeitung" kann man das *„Speichern, Verändern, Übermitteln, Sperren und Löschen personenbezogener Daten"* verstehen. Die Schwierigkeit hierbei ist es jedoch exakt festzustellen, wann bzw. ob ein Personenbezug hergestellt ist. Wobei Daten wie Namen, E-Mail-Adressen, Telefonnummern, Adressen und Kontodaten regelmäßig den personenbezogenen Daten zugeordnet werden können.[80]

Der Zweckbindungsgrundsatz, welcher für Big Data von großer Wichtigkeit ist, besagt, dass personenbezogene Daten nur zum Zwecke der ursprünglichen Erhebung

---

[79] Vgl. Hoeren. T, 2014, S. 58

[80] Vgl. Bentz, https://www.brandmauer.de/blog/it-security/personenbezogene-daten-unterschied-zwischen-dsgvo-und-bdsg, Abruf am 17.06.2018

verarbeitet und genutzt werden dürfen und zudem schutzwürdig sind. Durch die Sicherstellung der Auskunftsrechte der „Betroffenen Personen" und durch die Informationspflichten ist durch den Transparenzgrundsatz geregelt, dass jeder Betroffene das Recht hat, Einsicht in seine gespeicherten personenbezogenen Daten zu nehmen. Nur in eingeschränkten Ausnahmefällen, bspw. aufgrund eines überwiegenden Allgemeininteresses, kann die Zweckbindung entfallen.

6.1.2 Big Data und Datenschutz nach der neuen europäischen Datenschutz-Grundverordnung (EU-DSGVO)

Seit dem 25. Mai 2018 ist nun die neue EU-DSGVO in Kraft getreten. Dies führte dazu, dass die bisherigen Regelungen des BDSG „überschrieben" bzw. in einigen Teilen erweitert wurden. Durch die EU-DSGVO werden Datenschutzrechte aller EU-Länder nun vereinheitlicht. Demnach werden von nun an personenbezogene Daten wie folgt definiert: *„Informationen, die sich auf eine identifizierte oder identifizierbare natürliche Person („betroffene Person") beziehen;"* (Art. 4 Nr. 1 EU-DSGVO). Hierbei ist es unwichtig in welcher Form die Daten gespeichert werden.

Unter dem Begriff „identifizierbar" versteht man alles, was direkt auf eine natürliche Person hinzeigt bzw. diese identifizierbar macht. Dazu gehören, wie im BDSG auch, Name, die Adresse und Geburtsdatum. Neuerdings gehörten dazu aber auch Fotos, Fingerabdrücke sowie IP-Adressen und Cookies. Cookies speichern für verschiedene Funktionen benötigte Daten des Besuchers auf der Festplatte ab und sind daher in der Lage Besucher der Website mühelos zu identifizieren.[81]

Die nachfolgende Darstellung verdeutlicht die Unterschiede zwischen personenbezogenen, pseudonymisierten und anonymen Daten. Nur für letztere gilt die EU-DSGVO **nicht**, da sie außerhalb des sachlichen Geltungsbereichs liegen.

---

[81] Vgl. BeckOK DatenschutzR/Schild DS-GVO Art. 4 Rn. 14 und 16

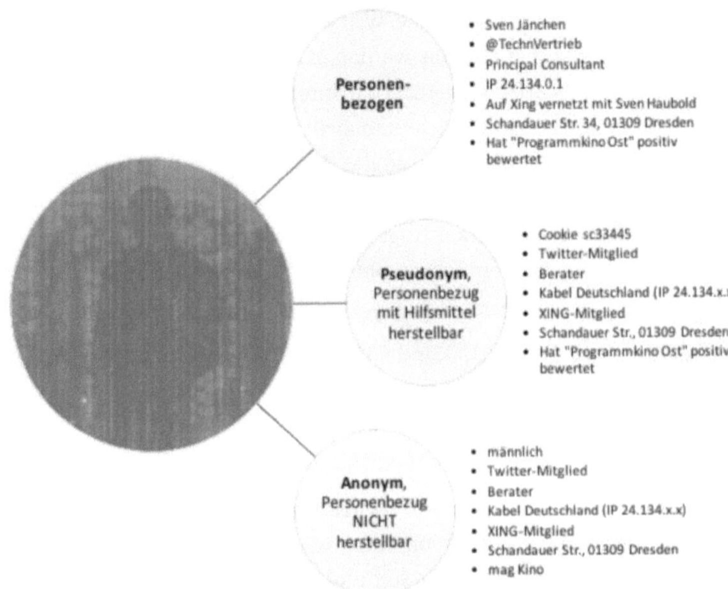

Abbildung 4: Personenbezogene Daten vs. Anonyme Daten[82]

Grundsätzlich ist, wie oben beschrieben, die Verarbeitung personenbezogener Daten untersagt. Allerdings gibt es hier nach Art.6 EU-DSGVO einige Ausnahmen, welche für Unternehmen besonders interessant sind.

So dürfen, gem. Art. 6 Abs. 1 lit. a EU-DSGVO, personenbezogene Daten verarbeitet werden, wenn diejenige Person, welcher die Daten zugeordnet werden können(„betroffene Person"), zustimmt.

Des Weiteren ist nach Art. 6 Abs. 1 lit. b EU-DSGVO eine Verarbeitung erlaubt, wenn dies zur Vertragserfüllung notwendig ist. Dies ist z. B. der Fall, wenn ein Kunde etwas in einem Online-Shop bestellt hat und die Adress- und E-Mail-Daten des Bestellers zur Erfüllung des Geschäfts verwendet werden müssen.

Ein weiterer Grund für die Verarbeitung liegt nach Art. 6 Abs. 1 Satz 1 lit. f EU-DSGVO vor, wenn ein „überwiegendes berechtigtes Interesse" des Verantwortlichen („Verarbeiter der Daten"), besteht. Dabei ist zu beachten, dass nicht nur

---

82 Vgl. https://i1.wp.com/www.smarter-service.com/wp-content/uploads/2017/12/eu-daten-schutz-grundverordnung.png?w=611&ssl=1, Abruf am 16.06.2018

rechtliche, sondern auch tatsächliche, wirtschaftliche oder ideelle Interessen, die von der Rechtsordnung anerkannt werden, darunter fallen.[83] Nach Art. 6 Abs. 1 Satz 1 lit. f EU-DSGVO wird das „berechtigte Interesse" dadurch eingeschränkt, dass die Datenverarbeitung „erforderlich" und nicht nur „zweckmäßig" sein muss. Hierbei muss das schutzwürdige Interesse des Betroffenen das Interesse des Verantwortlichen übersteigen. Es sind die Interessen des Betroffenen und die Interessen des Verantwortlichen zu berücksichtigen (Interessensabwägung). Wenn diese von beiden Seiten ausgewogen sind, kann ein berechtigtes Interesse geltend gemacht werden.

Im Erwägungsgrund 47 Satz 1, 3 und 4 der EU-DSGVO wird zudem darauf hingewiesen, dass die vernünftigen Erwartungen des Betroffenen mit einzubeziehen sind. Das heißt, dass wenn es „normal" ist und es „jeder" macht, dann ist es in Ordnung, die Daten weiterzuverarbeiten und sie gegebenenfalls zu verwenden.

Im Erwägungsgrund 47 S. 2 EU-DSGVO heißt es weiter: „Ein **berechtigtes Interesse** könnte bspw. vorliegen, wenn eine maßgebliche und angemessene **Beziehung** zwischen der betroffenen Person und dem Verantwortlichen besteht, z. B. wenn die betroffene Person ein **Kunde** des Verantwortlichen ist oder in seinen **Diensten** steht." Ein Anhaltspunkt, welcher für ein „berechtigtes Interesse" sprechen kann, ist daher die Beziehung zwischen dem Verantwortlichen zum Betroffenen. Ein vertragliches bzw. vertragsähnliches Verhältnis zwischen den beiden Interessensgruppen rechtfertigt in vielen Fällen, dass eine Verarbeitung von personenbezogenen Daten hinzunehmen ist[84].

Wird dem Verantwortlichen ein „berechtigtes Interesse" eingeräumt, so hat der Betroffene ein Widerspruchsrecht nach Art. 21 Abs. 1 EU-DSGVO in Verbindung mit Art. 6 Abs. 1 Satz 1 lit. f EU-DSGVO. Nach Art. 21 Abs. 2 hat der Betroffene bei Direktwerbung **jederzeit** ein Widerspruchsrecht. Demnach heißt es: „Werden personenbezogene Daten verarbeitet, um Direktwerbung zu betreiben, so hat die betroffene Person das Recht, jederzeit Widerspruch gegen die Verarbeitung sie betreffender personenbezogener Daten zum Zwecke derartiger Werbung einzulegen".

---

[83] Vgl. Buchner/Petri in Kühling/Buchner, EU-DSGVO, Art. 6, Rn. 146
[84] Vgl. Härting in EU-DSGVO, Rn. 436

6.1.3 Strafen bei Verstößen gegen die EU-DSGVO

Verstöße gegen die EU-DSGVO-Verordnungen können hohe Strafen mit sich bringen. Diese Strafen sind zumeist weitaus höher als bei bisherigen Verstößen und datenschutzrechtlichen Vergehen. Die Folgen sind in den Art. 83 und 84 EU-DSGVO geregelt, wobei jedes einzelne betroffene Mitgliedsland strafrechtliche Sanktionen selber festlegen kann. Die Höchststrafe bei einem Verstoß beträgt nach Art. 83 Abs. 5 bis zu 20 Millionen Euro oder im Fall eines Unternehmens von bis zu 4 Prozent seines gesamten weltweit erzielten Jahresumsatzes des vorangegangenen Geschäftsjahrs. Der jeweils höhere der beiden Beträge wird angewandt.

6.2 Rechtliche Herausforderungen in Bezug auf Social-Media

Social-Media birgt ohne Zweifel viele rechtliche Hürden. Von vielen Unternehmen werden diese meist gar nicht oder ggf. zu spät erkannt. Daher ist es immer ratsam, auch als kleines Unternehmen, rechtliche Hilfe, bspw. durch einen Anwalt einzuholen, bevor man an das Projekt „Social-Media" herangeht. In diesem Abschnitt sollen ausgewählte rechtliche Aspekte in Bezug auf die sozialen Netzwerke angesprochen und auch zukünftige bzw. neu eingetretene juristische Veränderungen aufgezeigt werden.

6.2.1 Urheberrecht und die Nutzung fremder Inhalte in sozialen Netzwerken

Beim Betreiben einer unternehmenseigenen Social Media Seite spielt das Urhebergesetz (UrhG) eine große Rolle. Schutzfähige Inhalte sind ohne weiteres zugunsten des Urhebers geschützt und bedürfen weder einer Eintragung noch einer Kennzeichnung wie bspw. das Copyrightzeichen.

Es stehen nur dem Urheber Verwertungsrechte zu. Zu diesen gehören insbesondere das Vervielfältigungsrecht (§ 16 UrhG) und Verbreitungsrecht (§ 17 UrhG) sowie das Verbot der öffentlichen Zugänglichmachung gem. § 19a UrhG.

Mit der Vervielfältigung nach § 16 UrhG ist die Erstellung von Kopien jeglicher Art gemeint, bspw. Abschriften, Screenshots, Ausdrucke etc. Hierbei liegt auch schon eine Vervielfältigung vor, wenn nur ein Ausschnitt vervielfältigt wird. Grund hierfür ist, dass das ganze Werk des Urhebers geschützt wird, inklusive aller Teile, welche zum individuellen Charakter beitragen.[85] Es ist vor der Vervielfältigung daher immer die Erlaubnis des Urhebers einzuholen.

Das Verbreitungsrecht nach § 17 UrhG ist eine Ausnahme der Einschränkung nach § 16 UrhG. So darf der Veröffentlicher des Werkes, welcher nicht der Urheber ist, das geschützte Werk ohne Einwilligung des Urhebers vervielfältigen, wenn es dem Zwecke des Verkaufs dient. So ist es bspw. erlaubt, dass Media Markt auf seiner Facebook-Seite eine Waschmaschine von Bosch präsentiert, ohne eine explizite Genehmigung dafür zu haben.[86]

§ 19a UrhG wurde speziell für die digitale Erneuerungen in der Welt des Online-Vertriebs eingeführt und beschäftigt sich primär mit dem Veröffentlichen bzw. dem Zugänglichmachen von Inhalten auf Webseiten und Social-Media-Kanälen. Nach § 19 UrhG ist „das Recht der öffentlichen Zugänglichmachung das Recht, das Werk drahtgebunden oder drahtlos der Öffentlichkeit in einer Weise zugänglich zu machen, dass es Mitgliedern der Öffentlichkeit von Orten und zu Zeiten ihrer Wahl zugänglich ist." § 19a hat es sich also zum Zweck gemacht dem Urheber die Entscheidung darüber vorzubehalten, ob das Werk Dritten unkörperlich in einer Weise angeboten wird, dass diese es inhaltlich zur Kenntnis nehmen können. Durch dieses Gesetz wird ein Schlupfloch gefüllt, welches durch die Möglichkeit entstanden ist, Werke im Internet oder in sozialen Netzwerken digital für eine große Zahl potenzieller Nutzer bereit zu stellen.[87]

Wird gegen diese Vorschriften verstoßen, so hat der Urheber das Recht dagegen juristisch vorzugehen und diverse Ansprüche geltend zu machen. Hierunter fallen unter anderem Beseitigungsansprüche oder Unterlassungs- und Schadenersatzansprüche nach § 97 UrhG.

6.2.2 Social-Media und Wettbewerbsrecht

Das Wettbewerbsrecht dient als Oberbegriff für das Recht zur Bekämpfung unlauteren Wettbewerbs und das Recht gegen Wettbewerbsbeschränkungen. Das Wettbewerbsrecht ist im Gesetz gegen den unlauteren Wettbewerb (UWG) geregelt und soll die Mitbewerber vor unfairen Konkurrenzkämpfen schützen.[88]

---

[85] Vgl. Schwenke. T, 2014, S. 80

[86] Vgl. Schwenke. T, 2014, S. 86

[87] Vgl. Meckel. A, https://wirtschaftslexikon.gabler.de/definition/oeffentliche-zugaenglichmachung-46359, Abruf am 17.06.2018

[88] Vgl. Ulbricht. C, 2017, S. 362

Dazu gehören vor allem folgende Verstöße:

- **Verschleierung des Werbecharakters**: Hierunter fällt vor allem die Schleichwerbung, welche im § 5a Abs. 6 UWG geregelt ist. Dieser besagt, dass eine Werbung deutlich und auf den ersten Blick erkennbar sein muss. So urteilte bspw. das OLG Celle, dass sogenannte Influencer (Personen, welche aufgrund ihrer starken Präsenz und ihres hohen Ansehens in sozialen Netzwerken für Werbung und Vermarktung in Frage kommen) Fotos bei Instagram deutlich mit einem Werbehinweis kennzeichnen müssen, wenn es sich bei den Fotos um Produktplatzierung handelt. Das Hashtag „#ad" muss in der Beschreibung des Fotos für den User klar erkennbar sein.[89]

- **Vergleiche mit Mitbewerbern oder deren Produkten**: Die vergleichende Werbung ist im § 6 UWG geregelt. Demnach ist vergleichende Werbung „jede Werbung, die unmittelbar oder mittelbar einen Mitbewerber oder die von einem Mitbewerber angebotenen Waren oder Dienstleistungen erkennbar macht."

- **Unwahre Aussagen im Hinblick auf Produkt und Leistung des Unternehmens**: Nach § 5 UWG müssen Aussagen des Unternehmens der Wahrheit entsprechen und dürfen den User bzw. Kunden nicht in die Irre führen. Das LG Stuttgart hat bspw. entschieden, dass ein Unternehmen in dem sozialen Netzwerk Facebook nicht mittels zugekaufter „Fans/Likes" oder „Gefällt-mir-Angaben" werben darf, da dies den User nach § 5 Abs. 1 UWG in die Irre führt.[90]

Im Jahr 2009 wurde das UWG nochmals erheblich verschärft, indem Bagatellschwellen gesenkt wurden und eine sogenannte „schwarze Liste" mit 30 Geschäftspraktiken, im Anhang des § 3 Abs. 3 UWG veröffentlicht wurde.

---

[89] OLG Celle, Az. 13 U 53/17 vom 8.6.17
[90] LG Stuttgart Az. 37 O 34/14 KfH vom 6.8.2014

6.2.3 Räumliche Anwendbarkeit des Rechts bei internationalen Verträgen zwischen Unternehmen und User

Vor allem bei internationalen Social Media Plattformen wie Facebook, Twitter, WeChat etc. ist zu klären, welches Recht gilt. Grundsätzlich ist es so, dass, im Verhältnis zwischen Betreiber und Nutzer der Plattform, bereits das Recht in den Nutzungsbedingungen gilt. Dies greift aber nur dann, wenn keine Verbraucherschutzrechte oder andere zwingende nationale Regeln in Kraft gesetzt werden.

Die räumliche Anwendbarkeit des nationalen Rechts richtet sich auch häufig nach den sogenannten Kollisionsnormen des internationalen Privatrechts. Diese sind in den Art. 4 bis 9 der ROM II Verordnung geregelt. Diese Verordnung bestimmt das auf außervertragliche Schuldverhältnisse anzuwendende Recht. Demnach ist nach der zentralen Kollisionsnorm des Art. 4 ROM II das Recht des Staates anzuwenden, in dem der Erfolg der Verletzungshandlung eingetreten ist.[91]

Das bedeutet bspw., wenn eine in Deutschland strafwürdige Werbemaßnahme eines Unternehmens in den USA (Handlungsort) auf einer Social-Media-Plattform, wie z. B. Facebook, durchgeführt wird und sich die Wirkung der Maßnahme in Deutschland entfaltet (Erfolgsort), so ist deutsches Recht anwendbar. Dies hat zur Folge, dass auch deutsches Recht auf internationalen Social Media Seiten gilt.

6.2.4 Social-Media und die neue EU-Datenschutzgrundverordnung (EU-DSGVO)

Aufgrund der zunehmenden Herausforderungen, welche dem Datenschutz gerade im Zuge der Digitalisierung und dem Internet zukommen, hat die Europäische Union beschlossen in der gesamten Europäischen Union den Datenschutz neu zu regeln. Wie im obigen Kapitel bereits angesprochen, ist seit dem 25. Mai 2018 somit die neue verbindliche EU-Datenschutzgrundverordnung (EU-DSGVO) für alle EU-Mitgliedstaaten in Kraft getreten.

Allerdings sind bei der neuen EU-DSGVO nicht nur unmittelbar EU-Staaten betroffen sondern auch Länder, die mit solchen Geschäfte betreiben. So wird die neue Datenschutzgrundverordnung bspw. auch für soziale Netzwerke wie Facebook, WeChat und Twitter relevant. Da interkontinentale Social-Media Plattformen auch Registrierungen von Benutzern in den jeweiligen EU-Staaten haben, trifft die neue Verordnung auch unmittelbar auf internationale Unternehmen außerhalb der

---

[91] Vgl. Ulbricht. C, 2017, S. 108f.

Europäischen Union zu. Diese müssen dementsprechend ihre Nutzerbedingungen bzw. Datenrichtlinien auf das neue EU-Recht anpassen.[92]

6.2.5 Wirksamkeit der Einwilligung nach der neuen EU-DSGVO

Auch die Einwilligung nach der neuen Verordnung wird in Zukunft an strengere Anforderungen geknüpft. Insbesondere für das Einverständnis Minderjähriger im Internet gelten höhere Hürden gem. Art 8 EU-DSGVO. So müssen bis zum 16. Lebensjahr die gesetzlichen Vertreter für Minderjährige einwilligen. Dies hatte auch zur Folge, dass Social Media Dienste wie Facebook ihr Mindestalter zur Nutzung der Plattform von 13 auf 16 Jahre hochgestuft haben.[93]

6.2.6 Betroffenenrechte

In Kapitel 3 der EU-DSGVO sieht der Gesetzgeber bei Verstößen einige Rechte für die Betroffenen, also die Personen von denen Daten erhoben wurden, vor. Diese wurden in den Art. 12 – 23 EU-DSGVO niedergeschrieben. Eine Liste dieser Rechte finden sich im Anhang A zu dieser Arbeit wider.

---

[92]   Vgl. Ulbricht. C, 2017, S. 100
[93]   Vgl. Ulbricht. C, 2017, S. 101

7 Digitaler Vertrieb im eigenen Online-Store bzw. auf der eigenen Webseite (Rechte und Pflichten im Online-Store)

Wie wir in den anderen Kapiteln über den Online-Shop berichtet haben, ist es oftmals sehr hilfreich oder für größere Unternehmen schon eine Pflicht, einen eigenen E-Commerce-Shop zu führen. Allerdings ist dies nicht immer einfach. Oftmals braucht es gute Marketing-Strategien und kreatives Können, um die Homepage ansprechend zu gestalten, damit die User sich wohlfühlen und wenn möglich, lange auf der Webseite verweilen.

Aber nicht nur bzgl. der Gestaltung und des Marketings ist viel zu beachten. Auch in rechtlicher Hinsicht kommt es auf viele Faktoren an, um eine abmahnsichere Webseite zu betreiben.

Wie in den letzten Kapiteln bereits erwähnt ist es oft von Vorteil, Big Data für sein Unternehmen einzusetzen. Neben den Marketingmaßnahmen für Webseiten und den rechtlichen Aspekten soll dieses Kapitel auch die Anwendung von Big Data in Bezug auf den eigenen Online-Store bzw. auf die eigene Webseite beleuchten.

7.1 Der Aufbau eines eigenen Online-Stores

Guter Content ist sehr wichtig für den Erfolg des Online-Stores eines Unternehmens oder dessen Webseite. Dies hat vor allem zweierlei Gründe. Zum einen wird die Homepage von Suchmaschinen wie Google, Bing und Co. als relevanter eingestuft und zum anderen hält ein interessanter und ansprechender Content die Besucher auf der Seite. Dadurch erhöhen sich natürlich die Chancen, dass die Besucher sich für die angebotene Dienstleistung leichter begeistern können. Sollte es sich um einen Online-Shop handeln, so trägt der Inhalt und die Aufbereitung der Webseite mit zur Kaufentscheidung bei und erhöht die Möglichkeit, dass Kunden zur Seite wiederkehren und erneut etwas kaufen.

Die Schwierigkeit bei einem Online-Shop ist es, dass dieser nicht nur die zu verkaufenden Produkte ansprechend präsentieren, sondern auch die Abwicklung des gesamten Bestell- und Kaufvorgangs für den User attraktiv machen und ihn bei diesen unterstützen muss.

7.1.1 Die Gestaltung der Homepage

Vor allem die Startseite ist ein wichtiger Faktor, welcher in wenigen Sekunden entscheidet, ob der Kunde auf der Webseite bleibt oder nicht. Daher ist es sehr wichtig, dass alle wichtigen Botschaften, welche die Seite mit sich bringt, auf einen Blick sichtbar sind. Hierbei sollten keine langen Absätze oder komplizierte Texte gesetzt werden. Der Kunde sollte in wenigen Sekunden wissen, was die Seite anbietet, welche Vorteile das Unternehmen bietet und wie er zu dem für ihn wichtigsten Abschnitt gelangt.[94]

7.1.2 Die Produktbeschreibung und Kategorisierung

Eine weitere Herausforderung ist es eine gute Strukturierung der angebotenen Produktwelt zu generieren und sie ansprechend dazustellen. Vor allem mit steigender Produktanzahl wird dies schwieriger.[95] Hierbei ist es wichtig Produktkategorien anzulegen, um den Benutzern eine übersichtliche Aufstellung von vorhandenen Rubriken zu vermitteln. Es muss darauf geachtet werden, dass jede Kategorie eine Hauptkategorie und mehrere Unterkategorien besitzt und diese Kategorien in kurzen Stichpunkten angelegt sind.[96]

Auch überzeugende Produktbeschreibungen und Vorschaubilder sind von großer Bedeutung. Besonders, wenn sich der Kunde in einer Kategorie mit vielen Produkten befindet, ist es entscheidend, bereits in der Kategorienauswahl das Produkt, durch Produktbeschreibung und Produktbilder, so ansprechend zu machen, dass der Kunde letzten Endes auf das Produkt klickt. Die Bilder auf dieser Seite sollten nicht zu klein sein, damit man bei ähnlichen Produkten schon im Vornhinein die wichtigsten Unterschiede erkennt. Zu große Bilder führen jedoch zu Verwirrung und verschwenden nur Platz auf der Seite. Des Weiteren sollte bei Bildern darauf geachtet werden, dass sie, wenn möglich, mehrere Blickwinkel des Produkts beleuchten.[97]

Insbesondere bei der Produktbeschreibung kommt es darauf an, dass diese mit viel Liebe zum Detail getextet ist. Zudem soll sie versuchen, Emotionen beim Kunden zu wecken und nicht bloße technische Details aufzählen.[98] Für das Texten gilt der Grundsatz: „Weniger ist mehr". Es ist nicht sinnvoll Webseitenbesucher mit zu viel Text zu überladen, sondern sachlich zu bleiben und sich auf das Wichtigste zu konzentrieren.

---

[94] Vgl. Nielsen. J, 2006, S. 28
[95] Vgl. Eichfeld. F, Mutschler. B, 2015, S. 28 f.
[96] Vgl. Nielsen. J, 2006, S. 174
[97] Vgl. Nielsen. J, 2006, S. 294 f.
[98] Vgl. Eichfeld. F, Mutschler. B, 2015, S. 29

7.1.3 Big Data im Online-Store

Durch Big Dat und Retargeting ist es heutzutage möglich, Werbung gezielter und somit kostengünstiger für die User anzubieten. Mit Hilfe von Big Data ist es einfacher, die Werbeanzeigen für den Besucher auf das bisherige Such- und Kaufverhalten eines Nutzers in Webshops anzupassen, so dass diese ihm auch noch nach dem Verlassen des Webshops, in Form von Werbung, im Netz begleiten.

Wenn sich ein Kunde auf der Homepage für eine Jacke von einer bestimmten Marke interessiert, so wird dies in der Datenbank gespeichert. Verlässt der Kunde nun den Shop und surft auf anderen Webseiten weiter, wird dem Nutzer Werbung für Jacken dieser bestimmten Marke angezeigt. So soll der Kunde bei Nichtkauf über personalisierte Werbung angesprochen und, wenn möglich, zu einem späteren Zeitpunkt wieder auf die Seite gelockt werden.

Die Daten zu gekauften Produkten bieten dem Unternehmen wiederum viele Informationen und Anhaltspunkte für das Up- und Cross-Selling. Persönliche Produktempfehlungen sind damit ein gutes Fundament der Personalisierung des eigenen Webshops für den Kunden.[99]

Man sieht, dass man mit den gesammelten Nutzerdaten und den richtigen Werkzeugen aus den riesigen Datenmengen wertvolle Informationen herausziehen kann. Hierbei gilt natürlich der Grundsatz: Je mehr Daten gesammelt wurden, desto besser und genauer sind die daraus zu ziehenden Informationen.

So können auch Warenkörbe und Retouren überprüft werden und ggf. ein Zusammenhang zwischen Bestellung und Retour geschlossen werden. Auch Daten über Kunden bspw. ob dieser Waren öfter retour schickt oder welche Produkte er besonders gerne kauft, können dadurch leichter ermittelt und analysiert werden.

7.1.4 Image des Webshops und Big Data

Auch das Image eines Webshops kann sich mit Hilfe gesammelter Daten und intelligenter Analyse leicht herausfinden lassen. Mittlerweile gibt es verschiedene Tools und Software, welche Nennungen und Bewertungen des Shops im World Wide Web sammeln und verwerten.

Eine besondere Beachtung wird hier der Auswertung von Social Media Kanälen und Presseartikel im Internet geschenkt. Durch diese Analysen wird der Kontext

---

[99] Vgl. Schwarz, 2015, S. 213

bestimmt, in dem der Shop genannt wird. Hierbei wird ausgewertet, ob der Webshop positiv oder negativ dargestellt wird.

Auf Basis dieser Informationen besteht für die Shopbetreiber somit die Möglichkeit, auf Basis der genannten Analysen, Auswertungen und Informationen, den Webshop weiterzuentwickeln und zu verbessern.[100]

7.2 Rechtliche Komponenten

Wer einen Online-Shop eröffnet, hat neben wirtschaftlichen Anforderungen auch einige rechtliche Hürden zu überwinden. Es gibt sehr viele Dinge zu beachten. Diese reichen vom Datenschutz und Markenrecht bis hin zum Urheberrecht und vielem mehr. Da das Thema sehr komplex ist und es in diesem rechtlichen Spektrum eine Menge zu beachten gibt, soll in diesem Kapitel nur auf einzelne Themen kurz eingegangen werden.

7.2.1 Markenrecht im Onlineshop

Das deutsche Markenrecht ist als sogenanntes Registerrecht ausgelegt. Das bedeutet damit man Markeninhaber seiner Marke werden kann, muss erst ein Antrag zur Eintragung der Marke beim Deutschen Patent- und Markenamt gestellt werden. Dies ist aus § 4 Nr. 1 MarkenG sowie § 32 Abs. 1 S. 1 zu entnehmen. Durch die Eintragung der Marke erwirbt man dann das alleinige Recht die Marke für die geschützten Waren und Dienstleistungen benutzen zu dürfen.[101]

Bevor die Marke jedoch eingetragen werden kann, ist jedoch zu schauen, ob die Marke den zu erfüllenden Anforderungen einer eingetragenen Marke gerecht wird. Somit können nach § 3 MarkenG nur schutzfähige Zeichen, wie bspw. Wortmarken (z. B. Porsche) oder Farbmarken (z. B. Telekom-Magenta) und einige andere Zeichen, welche aus § 3 Abs. 1 zu entnehmen sind, eingetragen werden.

Zudem muss erörtert werden, ob ein absolutes oder relatives Schutzhindernis für die Eintragung der Marke besteht. So sind absolute Schutzhindernisse nach § 8 MarkenG solche, welche die Waren oder Dienstleistungen lediglich beschreiben. Eine Marke kann für einen Online-Shop bspw. nicht als „www.Online-Shop.de" eingetragen werden. Da hier ggf. jegliche Unterscheidungskraft gem. § 8 Abs. 2 Nr. 1 fehlt. Relative Schutzhindernisse, gem. § 9 Abs. 1 MarkenG sind solche, welche

---

[100] Vgl. Schwarz, 2015, S. 222

[101] Vgl. dpma, https://www.dpma.de/marken/anmeldung/index.html, Abruf am. 19.06.2018

bereits bestehenden oder bekannteren Marken Identitätsschutz, Verwechslungs-schutz und Bekanntheitsschutz gewähren. So darf eine neue Marke bspw. nicht „Victor's Secret" heißen, da hierbei eine große Verwechslungsgefahr mit der bekannten Modemarke „Victoria´s Secret besteht.

7.2.2 Urheberrecht im Online-Shop

Texte, Bilder oder Videos gehören zu einem Webshop wie die Marke zu einem Unternehmen. Allerdings gibt es auch hier, vor allem aus urheberrechtlicher Sicht, jede Menge zu beachten.

Jedoch ist nicht jedes Werk urheberrechtlich geschützt. Entscheidend nach § 2 Abs. 2 UrhG ist, dass das Werk eine gewisse „Schöpfungshöhe" aufweisen muss. Das bedeutet, dass das Werk ein gewisses Maß an Individualität aufzuweisen hat. Unabhängig vom Medium ist die Beziehung zwischen dem Urheber und seinem Werk im Urheberrecht geschützt.

Im Gegensatz zum Markenrecht handelt es sich beim Urheberrecht um Rechtspositionen, die bereits mit Erstellung des Werkes entstehen und nicht erst mit einem Registereintrag.[102]

Oft kommt es dazu, dass Bilder oder Texte vervielfältigt werden, ohne dass vorher nach der Erlaubnis des Urhebers gefragt wurde. Bspw. werden Fotos oder Texte von fremden Webseiten kopiert und dann auf der eigenen Webseite verwendet. Hierfür muss immer die Erlaubnis des Erstellers eingeholt werden. Tut man dies nicht, so macht man sich ggf. strafbar.[103]

So darf man z. B. nicht einfach fremde Bilder ohne ausdrückliche Zustimmung des Rechteinhabers verwenden. Dies gilt auch, wenn man Produktbilder von einer bestimmten Marke hinzufügt, bei der man berechtigt ist, diese zu verkaufen. Das Recht die Marke auf seinem eigenen Online-Store zu verkaufen, berechtigt noch nicht Produktbilder, welche von externen Agenturen geschossen worden sind, auf der eigenen Webseite zu verwenden. Hier wird die ausdrückliche Zustimmung der Agentur bzw. der Marke, von der man das Produkt bewirbt, benötigt. Im Streitfall gilt nämlich, dass derjenige, welcher ein fremdes Bild verwendet, nachweisen

---

[102] Vgl. Tischer. C, 2017, S. 126 f.

[103] Vgl. Urheberrecht.de, https://www.urheberrecht.de/internet/, Abruf am 20.06.2018

muss, dass er ein Nutzungsrecht hat. Etwaige Zweifel gehen zu Lasten des Verwenders.[104]

Wird das Werk des Urhebers ohne dessen Einverständnis trotzdem verwendet, so hat dieser die Möglichkeit gegen den Rechtsverletzer verschiedene Ansprüche geltend zu machen. Hierbei kann er nach § 97 Abs. 1 S. 1 UrhG einen Beseitigungs- und Unterlassungsanspruch geltend machen oder nach § 97 Abs. 2 S. 1 UrhG Schadensersatz vom unerlaubten Verwender verlangen.

7.3 Datenschutzerklärung nach der neuen EU-DSGVO

Eine Datenschutzerklärung muss im Wesentlichen den Besucher der Seite über Art, Umfang und Zweck der Erhebung und Verwendung von personenbezogenen Daten informieren. Durch die neue DSVGO müssen nach Art. 12 bis 15 EU-DSGVO diese Informationen ergänzt und verständlicher beschrieben werden, damit auch ein Laie die Erklärungen verstehen kann. Damit haben Datenschutzerklärungen die Aufgabe, ausnahmslos alle Informationen über die eigene Datenerhebung transparent zu gestalten und diese auf eine verständliche Art und Weise zu vermitteln.[105]

Nach der neuen Regelung der EU-DSGVO sind die Strafen, wie bereits oben in der Arbeit erläutert, nach Art. 83 EU-DSGVO sehr viel höher angesetzt als zuvor. Die Höchstgrenze bei einer Strafe steigt mit der EU-DSGVO auf 20 Millionen Euro bzw. 4 Prozent des gesamten weltweit erzielten Jahresumsatzes bei Unternehmen.

---

104 Vgl. Janke. M, https://www.medienrecht-urheberrecht.de/fotorecht-bildrecht/163-fremde-fotos-rechtlich-sicher-verwenden.html, Abruf am 20.06.2018

105 Vgl. Neubauer. M, https://www.medienrecht-urheberrecht.de/fotorecht-bildrecht/163-fremde-fotos-rechtlich-sicher-verwenden.html, Abruf am 21.06.2018

8 Rechtlichte Aspekte der Lead-Verfolgung in Zeiten der EU-DSGVO

Mit Hilfe der Leadgenerierung haben Unternehmen das Ziel (wiederkehrende) Besucher genauer kennen zu lernen, um die Botschaften und Angebote entsprechend der Interessen der jeweiligen Person anzupassen und ihr somit ein fast passgenaues Angebot zu erstellen. Es beschreibt den Prozess der Interessentengewinnung sowie die Maßnahmen, die dazu führen sollen, dass potentielle Kunden Interesse an einem Produkt oder einer Dienstleistung zeigen.[106]

Dies geschieht meist über verschiedene Kontaktkanäle oder sogenannte Cookies auf der Webseite, welche es ermöglichen, dass Informationen über wiederkehrende Besucher bzw. Interessenten erfasst werden. Idealerweise bekommt man dann sehr konkrete Informationen wie z. B. Name, Adresse, E-Mail oder Telefonnummer heraus und hat die Möglichkeit ihm ein kontextbezogenes Angebot zu unterbreiten.

Durch die neue Datenschutzverordnung hat sich jedoch bei der Speicherung von Daten über die Personen einiges geändert. Neben dem Einwilligungserfordernis durch den Verbraucher spielt künftig das, in den vorherigen Kapiteln bereits angesprochene, „berechtigte Interesse" von Unternehmen an der Verarbeitung dieser Daten eine entscheidende Rolle.

Unter dem Begriff „Verarbeiten" von Daten versteht die neue EU-DSGVO gem. Art. 4 Nr. 2 EU-DSGVO „das Erheben, das Erfassen, die Organisation, das Ordnen, die Speicherung, die Anpassung oder Veränderung, das Auslesen, das Abfragen, die Verwendung, die Offenlegung durch Übermittlung, Verbreitung oder eine andere Form der Bereitstellung, den Abgleich oder die Verknüpfung, die Einschränkung, das Löschen oder die Vernichtung" von diesen. Grundsätzlich ist dies kein Problem, solange kein Personenbezug nach Art. 4 Nr. 1 EU-DSGVO besteht.

Um Konsumentendaten im Rahmen des Lead-Managements künftig zu verarbeiten, ist, wie im obigen Kapitel bereits erwähnt, entweder die Einwilligung des Verbrauchers oder ein berechtigtes Interesse seitens des Unternehmens notwendig. Nun ist es so, dass in den meisten Fällen bereits Kundendaten vor dem in Kraft treten der neuen EU-Verordnung vorhanden waren. Sofern die bisherigen Einwilligungen

---

[106] Vgl. Ryte, https://de.ryte.com/wiki/Leadgenerierung, Abruf am 24.06.2018

und Datenschutzbestimmungen des Anbieters nicht schon den Forderungen der EU-DSGVO entsprochen haben, ist es ratsam, sich vom Kunden eine nachträgliche Einwilligung einzuholen, um etwaigen rechtlichen Problemen aus dem Weg zu gehen.[107]

8.1 EU-DSGVO und das Double-Opt-in-Verfahren

Aufgrund der neuen Regelung der EU-DSGVO ist es besonders im Rahmen des Online-Marketings, wie bspw. bei der Versendung von Newslettern oder Unternehmensinformationen Pflicht, das Double-Opt-in-Verfahren anzuwenden. Das sogenannte Double-Opt-In beschreibt ein Verfahren, bei dem der Abonnent oder der Empfänger seine Zustimmung, im Gegensatz zum Single Opt-in, zusätzlich in einem zweiten Schritt bestätigen muss.[108] Der User muss der Kontaktaufnahme per Mail ausdrücklich zustimmen. Daraus folgt, dass der Kunde, bspw. bei einem Newsletter-Abonnement, aktiv einen Haken bei der Anmeldung zu Zustimmung setzen muss. D. h. das Häkchen in der „Check-Box" darf nicht bereits in den Voreinstellungen angekreuzt worden sein, sondern muss vom Kunden selbst angeklickt werden. Darüber hinaus muss der User diese Anmeldung nochmals durch klicken eines Bestätigungslink, z. B. in einer E-Mail, bestätigen.

Des Weiteren hat das Unternehmen die Pflicht etwaige dabei gesammelte Daten zu protokolieren und zu speichern.

Wie bereits erwähnt, dürfen ausschließlich jene Daten erhoben werden, welche für die entsprechende Dienstleistung obligatorisch sind. In diesem konkreten Fall also die E-Mail und ein Ansprechname, wobei dieser auch ein Pseudonym sein kann. Eine Angabe der Telefonnummer bei der Anmeldung ist nicht zwingend erforderlich.[109]

---

[107] Vgl. Stelz. H, https://vertriebszeitung.de/lead-management-und-neue-datenschutzbestimmungen/, Abruf am 27.06.2018

[108] Vgl. Ryte, https://de.ryte.com/wiki/Double_Opt-in, Abruf am 27.06.2018

[109] Vgl. Stelz. H, https://www.marconomy.de/das-aendert-sich-im-b2b-mit-der-eu-dsgvo-a-610439/, Abruf am 28.6.2018

9 Digitaler Vertragsschluss und Widerrufsrecht

9.1 Zustandekommen eines Kaufvertrages im Internet

Kommen Verbraucher und Unternehmer mit ihren Konditionen zusammen, so wird bestenfalls ein Vertrag zwischen beiden Parteien geschlossen. Verträge im Internet werden in der Regel genauso abgewickelt wie im Geschäftsverkehr auch - durch zwei übereinstimmende Willenserklärungen (Angebot und Annahme) gem. §§ 145 ff.

Das Anbieten einer Leistung oder Ware auf einer Webseite stellt grundsätzlich noch kein Angebot auf Vertragsschluss dar, sondern ist eine Aufforderung zur Abgabe eines Angebotes an den Kunden. Der Anbieter hat dann die Möglichkeit das Angebot anzunehmen oder auch nicht.[110]

Klickt der Käufer bspw. auf den Button „Kaufen", so ist diese Online abgegebene Willenserklärung als Erklärungen unter Abwesenden zu verstehen. Gemäß § 147 Abs. 2 BGB kann der Verkäufer das Angebot unter Abwesenden bis zu dem Zeitpunkt annehmen, in welchem der Antragende den Eingang der Antwort unter regelmäßigen Umständen erwarten darf. Die Annahme erfolgt dann bspw. über eine Auftragsbestätigung per E-Mail.

Häufig ist es jedoch so, dass eine Annahmeerklärung vom Anbieter nach der Verkehrssitte nicht zu erwarten ist. Der Besteller von Waren kann davon ausgehen, dass sein Angebot angenommen wird. Er erwartet eine Benachrichtigung nur für den Fall, dass seine Bestellung nicht bearbeitet wird. Demnach kommt gem. § 151 S. 1 BGB die Annahme dann auch zustande, ohne dass diese dem Antragenden erklärt werden braucht.

Sollte nach den gesetzlichen Regelungen keine bestimmte Form für eine Willenserklärung einzuhalten sein, so kann diese unproblematisch auch als elektronische Willenserklärung abgegeben werden. In den Fällen, in denen gesetzlich eine bestimmte Form vorgesehen ist, wurden die gesetzlichen Regelungen mit dem Gesetz zur Anpassung der Formvorschriften (FormAnpG) an die Erfordernisse des elektronischen Geschäftsverkehrs vereinheitlicht. So ist bspw. in § 126 Abs. 3 BGB

---

[110] Beck´sche Online-Formulare Zivilrecht, 24. §2 Abs. 1

bestimmt, dass grundsätzlich die schriftliche Form durch eine elektronische Form gemäß § 126a BGB ersetzt werden kann.[111]

9.2 Widerrufsrecht nach dem Fernabsatzgesetz gem. § 312b ff. BGB

Werden Waren oder Dienstleistungen verkauft, so wird dem Käufer in aller Regel ein Widerspruchsrecht eingeräumt. Insbesondere bei Verträgen welche über das Internet geschlossen werden, müssen die Vorschriften des Fernabsatzgesetzes nach § 312b ff. BGB beachtet werden.

Diese regeln unter anderem, dass Nutzer besondere Rechte bei einem Vertragsabschluss zugewiesen bekommen, wenn die Vertragsverhandlung bzw. der Vertragsschluss ausschließlich über Fernkommunikationsmittel wie bspw. das Internet vollzogen wurde. Diese Regelung gilt allerdings nur im Rahmen von B2C-Geschäfte. In diesen Fällen gelten für den Anbieter besondere Informationspflichten sowie die Verpflichtung zur Rücknahme innerhalb von 14 Tagen nach Lieferung der Ware. Durch dieses Rückgaberecht, ohne Angabe von Gründen, können Produkte zur Ansicht bestellt und nach Prüfung oder bei Nichtgefallen einfach an den Onlinehändler zurückgeschickt werden

Die Frist beginnt gem. § 355 Abs. 2 BGB, wenn der Kunde über sein Widerrufsrecht belehrt wurde und er die Ware erhalten hat.

Ist ein Widerspruch erfolgt, so hat der Käufer Anspruch auf Rückzahlung des gesamten Kaufpreises, wobei der Verkäufer grundsätzlich die Rücksendekosten zu bezahlen hat.

Das Widerrufsrecht kann jedoch aus bestimmten Gründen gem. § 312g Abs. 2 und Abs. 3 BGB ausgeschlossen werden. Die genauen Gründe sind im Anhang B zu dieser Arbeit nochmals genau aufgeführt.

---

[111] Vgl. Kremer. S, Taeger. J, 2017, S. 16 Rn. 9-10

10 Schluss

Ob im Alltag oder in der Wirtschaft, das Thema Digitalisierung ist ein Bereich, um den man heute und insbesondere in der Zukunft nicht herum kommt.

Sei es das Teilen von Bildern mit Freunden auf Instagram oder das Publikmachen einer Werbekampagne auf Facebook. Die Digitalisierung spielt sich in allen Lebensbereichen ab.

Wie in der Einleitung bereits angesprochen, sind Daten der neue Rohstoff des 21. Jahrhunderts. Big und Smart Data sowie die voranschreitende künstliche Intelligenz werden die Wirtschaft, aber auch die Gesellschaft stark verändern. Daher sind Unternehmen, aber auch Regierungen, angehalten diese Prozesse aktiv mitzugestalten, anstatt sich von den Neuerungen überrumpeln zu lassen. Digitalisierung sollte für unsere Gesellschaft in der Zukunft kein „Neuland" mehr sein, sondern vertrautes Land.

Natürlich gibt es auch Nachteile, die nicht unter den Tisch fallen sollten. Allen voran die Klärung mit dem Umgang von personenbezogenen Daten und die Rechte an diesen. Wie in der Arbeit bereits angesprochen, haben die Speicherung und das Sammeln von Daten beides Vor- sowie Nachteile. Beide sind nicht zu vernachlässigen. Zum einen muss man an den Nutzen denken, zum anderen aber auch an jene, welche von der Datenspeicherung betroffen sind.

Aus diesem Grund musste der Gesetzgeber, auch durch die immer weiter voranschreitende Globalisierung, reagieren. Durch das neue EU-DSGVO wurde ein Gesetz geschaffen, welches den Datenschutz - also den Umgang von Unternehmen mit personenbezogenen Daten – einheitlich europaweit regeln soll. Dies war ein erster Schritt hin zu einem strukturierten Umgang mit Daten. Sie bringt jedoch auch viele Nachteile mit sich. Vor allem durch die großen Neuerungen müssen sich viele Unternehmen in rechtlicher Hinsicht neu strukturieren. Dies ist insbesondere für mittelständige und für kleinere Unternehmen nicht einfach.

Ein Beispiel gibt Art. 6 EU-DSGVO: Der Begriff *„berechtigtes Interesse"* ist nicht ganz einwandfrei geklärt und bietet noch sehr viel Interpretationsspielraum. All diese Neuerungen und teilweise schwer einzuhaltenden Vorschriften werden wohl in absehbarer Zeit zu neuen Abmahnwellen führen.

Ein weiterer Nachteil für Unternehmen ist, dass sich schlechte Nachrichten oder Fehler, die Unternehmen im Internet gemacht haben, schnell herumsprechen und somit auch einen weitreichenden Imageschaden anrichten. So können sich bspw.

schlechte Social Media Beiträge rasch verbreiten und sich unter (potentiellen) Kunden herumsprechen, was zu einem erheblichen Imageschaden führen kann.

Trotz aller Nachteile überwiegen bzgl. der Digitalisierung, meiner Meinung nach, die Vorteile. Durch die neuen Technologien, insbesondere im Bereich Big Data, sind die Pluspunkte in puncto Vereinfachung und Optimierung von Prozessen sehr groß. Bereits heute gibt es Methoden, die anhand von gesammelten Daten genaue Vorhersagen über bestimmte Ereignisse machen können und somit den Unternehmen helfen, ihre Produkte oder Dienstleistungen besser zu vermarkten und bis zu einem gewissen Maße an den Kunden anzupassen.

Auch durch neue Technologien im privaten Bereich, wie z. B. das Bestellen von Waren über eine Smartphone-App oder das Recherchieren von Produktinformationen im Internet, haben es Verbraucher in der Zukunft einfacher beim Kauf bzw. bei der Entscheidungsfindung ihres Wunschprodukts.

Voranschreitende Technologien sollten von Unternehmen und Regierungen nicht verschlafen werden. Grund hierfür ist, dass erwartet wird dass viele Arbeitsplätze durch die Digitalisierung wegfallen werden. Damit neue Arbeitsplätze entstehen können, müssen sowohl die Wirtschaft als auch die Regierung mit den neusten Standards Schritt halten.

Vor allem Deutschland liegt einer neuen Studie zufolge, im europäischen Vergleich, in Sachen Digitalisierung nur im Mittelfeld, noch hinter Spanien und Österreich[112]. Vor allem im weltweiten Vergleich ist Deutschland weit abgeschlagen. Hier haben Länder wie China, die USA, Südkorea oder Japan die Nase vorn.

Ein positives Beispiel für ein europäisches Land, welches die Möglichkeiten der Digitalisierung nutzt, ist Schweden. Schaut man sich internationale Rankings zum Thema Digitalisierung an, so rangiert Schweden fast immer auf den vorderen Plätzen.

Die Digitalisierung zeigt sich hier in fast allen Bereichen der Gesellschaft. Normalverdiener in Schweden brauchen dank vorausgefüllter Formulare vom Finanzamt zumeist keinen Steuerberater mehr. Ist alles korrekt ausgefüllt, bestätigt der Steuerzahler das dem Finanzamt per SMS. Damit ist die jährliche Einkommenssteuererklärung innerhalb weniger Minuten erledigt.

---

[112] Vgl. European Commission, https://ec.europa.eu/digital-single-market/desi, Abruf am 17.07.2018

Im Gegensatz zu Deutschland setzt das skandinavische Land nicht nur in den Behörden und der Verwaltung auf Digitalisierung, sondern auch im Schul- und Bildungswesen. Die Schülerinnen und Schüler sowie die Lehrkräfte werden im Umgang mit neuen Medien geschult. Bereits im Jahr 2012 hat eine Schule in Schweden für alle Erstklässler iPads angeschafft. Inzwischen werden Tablets im Schulunterricht flächendeckend eingesetzt.[113]

Auch in Deutschland sollten solche Methoden und neue Technologien in der Digitalisierung angewandt werden. Digitalisierung darf kein „Neuland" mehr sein, sondern von der Wirtschaft, den Unternehmen und vom Staat gefördert und gefordert werden. Die Digitalisierung schreitet mit großen Schritten voran. Nur wer hier Schritt hält, hat auch in Zukunft eine Chance Erfolg einzufahren.

---

[113] Vgl. Feil. T, https://www.techtag.de/digitalisierung/schweden-und-die-digitalisierung-ein-land-mit-vorbildfunktion/, Abruf am 24.07.2018

11 Anhang

11.1 Anhang A: Rechte der betroffenen Personen nach der EU-DSGVO[114]

Kapitel 3

Rechte der betroffenen Person

Abschnitt 1 – Transparenz und Modalitäten

Artikel 12 – Transparente Information, Kommunikation und Modalitäten für die Ausübung der Rechte der betroffenen Person

Abschnitt 2 – Informationspflicht und Recht auf Auskunft zu personenbezogenen Daten

Artikel 13 – Informationspflicht bei Erhebung von personenbezogenen Daten bei der betroffenen Person

Artikel 14 – Informationspflicht, wenn die personenbezogenen Daten nicht bei der betroffenen Person erhoben wurden

Artikel 15 – Auskunftsrecht der betroffenen Person

Abschnitt 3 – Berichtigung und Löschung

Artikel 16 – Recht auf Berichtigung

Artikel 17 – Recht auf Löschung ("Recht auf Vergessenwerden")

Artikel 18 – Recht auf Einschränkung der Verarbeitung

Artikel 19 – Mitteilungspflicht im Zusammenhang mit der Berichtigung oder Löschung personenbezogener Daten oder der Einschränkung der Verarbeitung

Artikel 20 – Recht auf Datenübertragbarkeit

Abschnitt 4 – Widerspruchsrecht und automatisierte Entscheidungsfindung im Einzelfall

Artikel 21 – Widerspruchsrecht

Artikel 22 – Automatisierte Entscheidungen im Einzelfall einschließlich Profiling

Abschnitt 5 – Beschränkungen

Artikel 23 – Beschränkungen

---

[114] Vgl. https://dsgvo-gesetz.de/kapitel-3/, Abruf am 12.07.2018

11.2 Anhang B: Widerrufsrechte nach § 312g Abs. 2 und Abs. 3 BGB[115]

Bürgerliches Gesetzbuch (BGB)
§ 312g Widerrufsrecht

(1) Dem Verbraucher steht bei außerhalb von Geschäftsräumen geschlossenen Verträgen und bei Fernabsatzverträgen ein Widerrufsrecht gemäß § 355 zu.

(2) Das Widerrufsrecht besteht, soweit die Parteien nichts anderes vereinbart haben, nicht bei folgenden Verträgen:

1. Verträge zur Lieferung von Waren, die nicht vorgefertigt sind und für deren Herstellung eine individuelle Auswahl oder Bestimmung durch den Verbraucher maßgeblich ist oder die eindeutig auf die persönlichen Bedürfnisse des Verbrauchers zugeschnitten sind,

2. Verträge zur Lieferung von Waren, die schnell verderben können oder deren Verfallsdatum schnell überschritten würde,

3. Verträge zur Lieferung versiegelter Waren, die aus Gründen des Gesundheitsschutzes oder der Hygiene nicht zur Rückgabe geeignet sind, wenn ihre Versiegelung nach der Lieferung entfernt wurde,

4. Verträge zur Lieferung von Waren, wenn diese nach der Lieferung auf Grund ihrer Beschaffenheit untrennbar mit anderen Gütern vermischt wurden,

5. Verträge zur Lieferung alkoholischer Getränke, deren Preis bei Vertragsschluss vereinbart wurde, die aber frühestens 30 Tage nach Vertragsschluss geliefert werden können und deren aktueller Wert von Schwankungen auf dem Markt abhängt, auf die der Unternehmer keinen Einfluss hat,

6. Verträge zur Lieferung von Ton- oder Videoaufnahmen oder Computersoftware in einer versiegelten Packung, wenn die Versiegelung nach der Lieferung entfernt wurde,

7. Verträge zur Lieferung von Zeitungen, Zeitschriften oder Illustrierten mit Ausnahme von Abonnement-Verträgen,

8. Verträge zur Lieferung von Waren oder zur Erbringung von Dienstleistungen, einschließlich Finanzdienstleistungen, deren Preis von Schwankungen auf dem Finanzmarkt abhängt, auf die der Unternehmer keinen Einfluss hat und die innerhalb der Widerrufsfrist auftreten können, insbesondere Dienstleistungen im Zusammenhang mit Aktien, mit Anteilen an offenen Investmentvermögen im Sinne von § 1 Absatz 4 des Kapitalanlagegesetzbuchs und mit anderen handelbaren Wertpapieren, Devisen, Derivaten oder Geldmarktinstrumenten,

9. Verträge zur Erbringung von Dienstleistungen in den Bereichen Beherbergung zu anderen Zwecken als zu Wohnzwecken, Beförderung von Waren, Kraftfahrzeugvermietung, Lieferung von Speisen und Getränken sowie zur Erbringung weiterer Dienstleistungen im Zusammenhang mit Freizeitbetätigungen, wenn der Vertrag für die Erbringung einen spezifischen Termin oder Zeitraum vorsieht,

10. Verträge, die im Rahmen einer Vermarktungsform geschlossen werden, bei der der Unternehmer Verbrauchern, die persönlich anwesend sind oder denen diese Möglichkeit gewährt wird, Waren oder Dienstleistungen anbietet, und zwar in einem vom Versteigerer durchgeführten, auf konkurrierenden Geboten basierenden transparenten Verfahren, bei dem der Bieter, der den Zuschlag erhalten hat, zum Erwerb der Waren oder Dienstleistungen verpflichtet ist (öffentlich zugängliche Versteigerung),

11. Verträge, bei denen der Verbraucher den Unternehmer ausdrücklich aufgefordert hat, ihn aufzusuchen, um dringende Reparatur- oder Instandhaltungsarbeiten vorzunehmen; dies gilt nicht hinsichtlich weiterer bei dem Besuch erbrachter Dienstleistungen, die der Verbraucher nicht ausdrücklich verlangt hat, oder hinsichtlich solcher bei dem Besuch gelieferter Waren, die bei der Instandhaltung oder Reparatur nicht unbedingt als Ersatzteile benötigt werden,

12. Verträge zur Erbringung von Wett- und Lotteriedienstleistungen, es sei denn, dass der Verbraucher seine Vertragserklärung telefonisch abgegeben hat oder der Vertrag außerhalb von Geschäftsräumen geschlossen wurde, und

13. notariell beurkundete Verträge; dies gilt für Fernabsatzverträge über Finanzdienstleistungen nur, wenn der Notar bestätigt, dass die Rechte des Verbrauchers aus § 312d Absatz 2 gewahrt sind.

(3) Das Widerrufsrecht besteht ferner nicht bei Verträgen, bei denen dem Verbraucher bereits auf Grund der §§ 495, 506 bis 513 ein Widerrufsrecht nach § 355 zusteht, und nicht bei außerhalb von Geschäftsräumen geschlossenen Verträgen, bei denen dem Verbraucher bereits nach § 305 Absatz 1 bis 6 des Kapitalanlagegesetzbuchs ein Widerrufsrecht zusteht.

---

[115] Vgl.: https://www.gesetze-im-internet.de/bgb/__312g.html, Abruf am 17.07.2018

12 Literaturverzeichnis

AG, Wirecard. *Wirecard.de.* 2018.
https://www.wirecard.de/wechat/?&no_cache=1 (Zugriff am 1. Juni 2018).

ARD, ZDF. *Onlinestudie 2017.* 11. Oktober 2017. http://www.ard-zdf-onlinestudie.de/files/2017/Artikel/Kern-Ergebnisse_ARDZDF-Onlinestudie_2017.pdf (Zugriff am 08. 06 2018).

Bachmann, Roland, Guido Kremper, und Thomas Gerzer. *Big Data - Fluch oder Segen?: Unternehmen im Spiegel gesellschaftlichen Wandels.* Hiedelberg, München: mitp, 2014.

„Beck´sche Online-Formulare Zivilrecht, 24. §2 Abs. 1." kein Datum.

„BeckOK DatenschutzR/Gusy BDSG § 1." kein Datum.

„BeckOK DatenschutzR/Schild DS-GVO Art. 4 Rn. 14 und 16." kein Datum.

Bentz, Volker. *brandmauer.de.* 19. Dezember 2017.
https://www.brandmauer.de/blog/it-security/personenbezogene-daten-unterschied-zwischen-dsgvo-und-bdsg (Zugriff am 17. Juni 2018).

Biesel, Hartmut H. *Vertrieb 4.0: Vertrieb und Marketing in einer Digitalen Welt.* Norderstedt: Books on Demand, 2016.

Bitkom. *Zukunft der Consumer Technology – 2017.* Berlin: Deloitte und bitkom e.V., 2017.

Bloomberg. *bloomberg.com.* 2014.
https://www.bloomberg.com/research/stocks/private/snapshot.asp?privcapId=278048842 (Zugriff am 10. Juli 2018).

„Buchner/Petri in Kühling/Buchner, DSGVO, Art. 6, Rn. 146." kein Datum.

Buhr, Andreas. *Vertrieb geht heute anders: Wie Sie den Kunden 3.0 begeistern.* Offenbach: Gabal Verlag, 2011.

Bünte. *heise.de.* April 2018.
https://www.heise.de/newsticker/meldung/Chinesisches-Unternehmen-SenseTime-ist-wertvollstes-Startup-fuer-kuenstliche-Intelligenz-4013095.html (Zugriff am 10. Juli 2018).

Christiane, Tischer. *Webseiten erstellen ohne Rechtsstress: Was Sie über Datenschutz, Urheberrecht, Haftung & Co wissen sollten.* 2017.

Commission, European. *ec.europa.eu.* 2018. https://ec.europa.eu/digital-single-market/desi (Zugriff am 17. Juli 2018).

computerwoche.de. *computerwoche.de.* 31. Mai 2017. https://www.computerwoche.de/k/kuenstliche-intelligenz-artificial-intelligence,3544 (Zugriff am 09. Juni 2018).

DETECON, Consulting. *Kundenservice der Zukunft. Mit Social Media und Self Services zur neuen Autonomie des Kunden.* Studie, Bonn: Consulting DETECON und Munich Business School, 2010.

DPMA. *dpma.de.* 01. April 2018. https://www.dpma.de/marken/anmeldung/index.html (Zugriff am 19. Juni 2018).

e.V, Bitkom. *Rechtliche Rahmenbedingungen von Industrie 4.0.* Berlin: Bitkom e.V, 2016.

e.V., Bundesverband E-Commerce und Versandhandel. *Studie zum Interaktivem Handel in Deutschland 2016.* Berlin: Bundesverband E-Commerce und Versandhandel e.V., 2016.

Eichfeld, Frank, und Bela Mutschler. *Der erfolgreiche Webauftritt: Kunden gewinnen und binden.* Bonn: Rheinwerk Verlag, 2015.

eMarketer. 9. Juli 2016. https://www.emarketer.com/Article/Social-Networking-Across-Europe-Patchwork-of-Penetration-Rates/1014066 (Zugriff am 25. 5 2018).

Erwin, Thomas, und Axel Pols. *Bitkom Research KPMG: Mit-Daten-Werte-schaffen.* Berlin: Bitkom und KPMG, 2016.

Feil, Frank. *https://www.techtag.de/.* 19. März 2018. https://www.techtag.de/digitalisierung/schweden-und-die-digitalisierung-ein-land-mit-vorbildfunktion/ (Zugriff am 24. 07 2018).

Gläß, Rainer, und Bernd Leuckert. *Handel 4.0: Die Digitalisierung des Handels - Strategien, Technologien, Transformation.* Wiesbaden: Gabler Verlag, 2017.

Goram, Mandy. *Datenbanken-verstehen.de.* kein Datum. http://www.datenbanken-verstehen.de/lexikon/descriptive-analytics/ (Zugriff am 16. Juni 2018).

Grabs, Anne, und Elisabeth Vogl. *Follow me!* Bonn: Rheinwerk Verlag, 2016.

Group, Deutsche Post DHL. *e-tailing.* 2015. http://www.g-komm.de/wp-content/uploads/2014/10/DPDHL_E-Tailing_Studie_DE_2014_Lay20_web.pdf (Zugriff am 25. Mai 2018).

Gtomer, Jeffrey. *Social Boom!: Das Prinzip Social Media.* München: Addison-Wesley Verlag, 2011.

handysektor.de. 2016. https://www.handysektor.de/artikel/geheimnis-staumelder-wie-funktioniert-eigentlich-google-maps/ (Zugriff am 14. Juni 2018).

„Härting in DSGVO, Rn. 436." kein Datum.

Hauck, Volker. *Internetrecht.* Stuttgart: Kohlhammer, 2010.

Heinemann, Gerrit. *Die Neuerfindung des stationären Einzelhandels: Kundenzentralität und ultimative Usability für Stadt und Handel der Zukunft.* Wiesbaden: Springer, 2017.

Hesse, René. *mobiflip.de.* 10. Juli 2017. https://www.mobiflip.de/wirecard-bringt-wechat-pay-nach-europa/ (Zugriff am 06. Juni 2018).

Hoeren, Thomas. *Big Data und Recht* . München: C.H. Beck, 2014.

Hornung, Gerrit, und Ralf Müller-Terpitz. *Rechtshandbuch Social Media.* Berlin Heidelberg: Springer Verlag, 2015.

Horwitz, Josh. *qz.com.* 16. April 2018. https://qz.com/1248493/sensetime-the-billion-dollar-alibaba-backed-ai-company-thats-quietly-watching-everyone-in-china/ (Zugriff am 11. Juni 2018).

Jähnisch, Stefan. *Digitale-technologien.de.* August 2015. https://www.digitale-technologien.de/DT/Redaktion/DE/Downloads/Publikation/SmartData_NL1.pdf%3F_blob%3DpublicationFile%26v%3D5 (Zugriff am 02. 06 2018).

Janke, Marion. *medienrecht-urheberrecht.de.* 2017. https://www.medienrecht-urheberrecht.de/fotorecht-bildrecht/163-fremde-fotos-rechtlich-sicher-verwenden.html (Zugriff am 20. Juni 2018).

Katzengruber, Werner, und Andreas Pförtner. *Sales 4.0: Strategien und Konzepte für die Zukunft im Vertrieb.* Weinheim: Wiley-VCH Verlag, 2017.

Kemp, Simon. *slideshare.net*. 24. Januar 2017.
https://www.slideshare.net/wearesocialsg/digital-in-2017-global-
overview?ref=https://wearesocial.com/uk/blog/2017/01/digital-in-
2017-global-overview (Zugriff am 25. 6 2018).

LG Stuttgart. Az. 37 O 34/14 KfH (Landesgericht, 6. August 2014).

Litzel, Nico. *Big Data - Insider*. 1. September 2016. https://www.bigdata-
insider.de/was-ist-big-data-analytics-a-575678/ (Zugriff am 2. Juni 2018).

Ltd., Tencent Holdings. *Tencent*. 2017. https://www.tencent.com/en-
us/system.html (Zugriff am 28. Mai 2018).

Ltd., Tencent. *pay.weixin.qq.com*. 2018.
https://pay.weixin.qq.com/wechatpay_guide/intro_method.shtml (Zugriff
am 1. 06 2018).

Meckel, Astrid. *wirtschaftslexikon.gabler.de*. 19. Februar 2018.
https://wirtschaftslexikon.gabler.de/definition/oeffentliche-
zugaenglichmachung-46359 (Zugriff am 17. Juni 2018).

Neubauer, Michael. *impulse.de*. 25. Mai 2018. https://www.medienrecht-
urheberrecht.de/fotorecht-bildrecht/163-fremde-fotos-rechtlich-sicher-
verwenden.html (Zugriff am 21. Juni 2018).

Nielsen, Jakob. *Web Usability - Deutsche Ausgabe*. München: Addison-Wesley,
2006.

Niemann, Fabian. *Artegic*. 4. Dezember 2014.
https://www.artegic.com/de/blog/big-data-und-recht-bedeutet-big-data-
und-welche-rechtlichen-regelungen-sind-fuer-den-einsatz-einschlaegig/
(Zugriff am 6. Juni 2018).

OLG. NJW 1996, 200 (OLG Karlsruhe, 24. Oktober 1995).

OLG Celle. Az. 13 U 53/17 (Celle, 08. Juni 2017).

pwc. *pwc.de*. 2013. https://www.pwc.de/de/prozessoptimierung/assets/pwc-
big-data-bedeutung-nutzen-mehrwert.pdf (Zugriff am 14. Juni 2018).

—. *pwc.de*. 31. Mai 2017. https://www.pwc.de/de/kapitalmarktorientierte-
unternehmen/global-top-100-march-2017.pdf (Zugriff am 13. Juli 208).

Richard Lackes, Markus Siepermann, Tobias Kollmann. *Wirtschaftslexikon Gabler.* 19. 2 2018. https://wirtschaftslexikon.gabler.de/definition/electronic-shop-36299/version-259756 (Zugriff am 329. 04 2018).

Schenk, Hans Otto. *E-Commerce und Internet Handel- Eine typologische Klärung.* 2002.

Schwarz, Torsten. *Big Data im Marketing: Chancen und Möglichkeiten für eine effektive Kundenansprache .* Freibug: Haufe-Lexware, 2015.

Schwenke, Thomas. *Social Media Marketing und Recht.* Köln: O´Reilly, 2014.

SenseTime. *senstime.com.* 25. Dezember 2017. https://www.sensetime.com/core (Zugriff am 2018. Juni 2018).

Solmecke, Christian. *Social Media Recht.* Nürnberg: TeleLex GmbH, 2015.

Stelz, Holger. *marconomy.de.* 23. Mai 2017. https://www.marconomy.de/das-aendert-sich-im-b2b-mit-der-eu-dsgvo-a-610439/ (Zugriff am 28. Juni 2018).

—. *vertiebszeitung.de.* 29. Juni 2017. https://vertriebszeitung.de/lead-management-und-neue-datenschutzbestimmungen/ (Zugriff am 27. Juni 2018).

Sussane Angeli, Wolfgang Kundler. *Der Online Shop - Handbuch für Existenzgründer.* München: Markt+Technik Verlag, 2016.

t3n.de. 26. September 2014. https://t3n.de/news/social-media-marketing-fails-learnings-568908/ (Zugriff am 16. Juni 2018).

Taeger, Jürgen, und Sascha Kremer. *Recht im E-Commerce und Internet: Einführung .* Frankfurt am Main: dfv Mediengruppe, 2017.

Tromssdorff, Volker. „Wandel der handelsrelevanten Wertschöpfungsprozesse." *Handelsforschung,* 2002: 25-50.

Urheberrecht.de. *Urheberrecht.de.* 24. Janaur 2017. https://www.urheberrecht.de/internet/ (Zugriff am 20. Juni 2018).

Userlike. *userlike.com.* kein Datum. https://www.userlike.com/de/features (Zugriff am 12. Juni 2018).

Veltkamp, Niklas, und Teresa Maria Tropf. *Bitkom.* 14. Juli 2017. https://www.bitkom.org/Presse/Presseinformation/Fast-jedes-zweite-Unternehmen-hat-im-Netz-schon-Gegenwind-bekommen.html (Zugriff am 5. Mai 2018).

Verbraucherschutz, Bundesministerium der Justiz und für. *www.gesetze-im-internet.de.* kein Datum. https://www.gesetze-im-internet.de/bgb/__312g.html (Zugriff am 17. Juli 2018).

Weber, Rolf, und Florent Thouvenin. *Big Data und Datenschutz - Gegenseitige Herausforderungen.* Zürich: Schulthess Verlag, 2014.

Weinberg, Tamar. *Social Media Marketing - Strategien für Twitter, Facebook & Co.* Köln: O'Reilly Verlag, 2014.

wiki, Ryte. *ryte.com.* 25. Juli 2014. https://de.ryte.com/wiki/Leadgenerierung (Zugriff am 24. Juni 2018).

Willems, Heiko, Peter Bräutigam, und Thomas Klindt. *Industrie 4.0 – Rechtliche Herausforderungen der Digitalisierung.* Politischer Diskurs, Berlin: Noerr, 2015.

Ziegler, Clai-Nicolas, und Julian Lambertin. *Social Media und der ROI: Erfolgsplanung und -kontrolle.* Köln: O'Reilly Verlag, 2013.